身為在台灣的新二代，我很害怕

劉育瑄
你家隔壁的新二代——著

各界感動推薦

電影工作者　鄒隆娜

獨立評論@天下頻道總監　廖雲章

每次採訪東南亞新住民時，我時常忍不住被她們抱在身上的孩子吸引，忍不住要想：這個孩子會長成甚麼樣的大人呢？

幾年前，高中剛畢業的育瑄寄了一篇投書給《獨立評論》，告訴社會「身為在台灣的新二代，我很害怕」。她大方書寫自己的身世：媽媽是柬埔寨廣東裔，爸爸是台灣底層工人，從小成績優異的她如何承受環境裡無所不在的標籤與歧視，以及她身處其中的困惑與質疑。

這本《身為在台灣的新二代，我很害怕》是育瑄對台灣社會更進一步的告白，她書寫自我認同的不安、疑惑、痛苦，她也寫出對於跨國婚姻在媒體中被再現的觀察、批判與思考。

這會是研究新二代的研究者渴望的一本書，也會是隱身的新二代有共鳴的集體經驗。期待這是新二代書寫的起點，更希望在不久的未來，在台灣當一個新二代，不再需要勇敢。

國立台灣大學 社會學系教授 藍佩嘉 教授

過去我們擔心「新台灣之子」不夠同化、發展遲緩，現在我們假定「新二代」母語靈光、南向發達。我們真正該做的是聆聽他們的聲音，領會他們的憤怒與惶惑，拆解我們的偏見與自以為是。

獨立媒體《移人》編輯總監 李岳軒

多年前我在東南亞語文報刊《四方報》擔任柬埔寨版主編時，曾收過育瑄的投稿，就是書中第一篇散文《耳環》的雛型，雖然才短短數百字，但情感刻劃真摯，她與母親之間的關係轉折讓人讀之動容，很難相信當時才國高中生的她就這麼有想法。

數年後育瑄長大了，《耳環》也長大成為《身為在台灣的新二代，我很害怕》一書，我相信這只是育瑄的寫作起點而已，由她起頭作示範，會引出更多跟她有同樣背景的新二代孩子勇敢寫出自己的故事。

目次｜Contents

輯五

獻給更多的新二代與未來展望

序

他們叫我「那個她媽不是台灣人的」

獻給所有糾結於自己身份的新二代孩子

國小畢業典禮，我上台領縣長獎。這個獎是六年來總成績是班上第一名的人才有的殊榮。然而，爸媽並沒有出席我的畢業典禮，我不想讓他們為了出席請假被扣薪水，所以我跟他們說不用來也沒關係。

從小我的家人對課業成績就不是很看重，他們覺得光會讀書，而不懂得做人處事、不懂得體諒別人也沒有用，比不上有一手技藝的人：比如說巷口擺攤賣麵的老伯，二十年來給街坊鄰居煮好吃的麵——比只會死讀書的人更有貢獻。

對我來說，維持好成績只是一種方式，讓那些議論我家庭背景的人閉嘴，我想學的知識學到了，成績幾分我也沒關係。所以，我原本沒有很在意我爸媽不能去畢業典禮，他們上班賺錢才能買菜跟付帳單，這更實際。

從小除了會念書，我什麼特長都沒有。我既不會任何運動，籃球考試因為一顆都沒投中而拿零分；也沒學過任何樂器，連五線譜都不會看，所以國小六年我沒有什麼機會能領獎。畢業典禮那天，走上禮堂舞台時我雙腳都在抖，直到走回台下的休息區，我努力控制住僵硬的臉，想要裝得不緊張。我不想讓人覺得我是沒有見過大場合的孩子，別人要是知道又要說三道四了。

於是我撐著一抹看似體面的微笑，在人群中找個空位坐下。發現旁邊的家長們似乎在談論我。

「她就是第一名的那個嗎？」

「對啊，就**她媽不是台灣人**的那個。」

我坐在自己的位置上，手緊緊地握著我的獎狀。腦袋閃過上小學前，媽媽跟我說的一句話：「你要加油，不然人家會說：難怪，她是柬埔寨的女兒。」

我媽當年一定沒想到，六年之後我拿了班上第一名畢業，我依然是別人口中「柬埔寨的女兒」。

當時我心裡很難受，但說不清楚那是什麼感覺。只是覺得明明是印在平滑高級紙張上的獎狀，卻好像能劃破我的手一樣。而用燙金字印的「劉育瑄」三個字，熱燙燙的要把我的臉燒了一般。

後來好幾年我都好後悔，怎麼沒讓我媽去畢業典禮，讓那些人看看「我不是台灣人的媽」長什麼樣子。我常在想，要是能重來，我一定帶著我媽，堂堂正正的走在他們前面。

你「這樣」還能做到，很不容易耶

國中開始，我到台中念一所頗負盛名的私立中學，這個學校按照台灣中部人的講法，就是專門讓有錢人把千金小姐送進去的地方。我同學的爸媽職業不是醫生、就是老師和教授。他們的爸媽，許多人在孩子入學前早就互相認識，或許是研究所同學、或許是一起住在台中西屯新建高級社區裡的鄰居。

我在這種環境適應得非常辛苦。但有個好處就是，國中老師終於不會叫我跟就讀資源班和來自單親家庭的同學一起在午休的時候去聽老師說故事，大家一起做勞作和唱歌，好像我從小就沒有人愛一樣；也不會在上課時當著所有同學的面說柬埔寨有多麼落後。

或許是師長們以為大家都是好家庭出生的女孩吧，所以想都沒想過用家庭出身來評價一個學生。在我的國中裡，同儕和師長評價一個人的標準很單純：你學習是否認真、參加班上活動是否熱心積極，以及你有沒有想法、人善不善良。

剛進這所學校時，我跟同學的程度落差很大，在近六十人，幾乎大家都是國小第一名畢業的班級裡，第一次段考我考了三十名上下。第二次段考我很努力，進步到前十名，學校的成績單上只有前十名會公佈名次，以維護同學的隱私，也有鼓勵的作用。那天在去學校餐廳吃午飯的途中，有位班上同學走到我旁邊跟我說：「你很厲害耶，才一個多月就進步那麼多，怎麼做到的？」

終於有一次，我聽到一句我真心喜歡的讚美。而不是從前那些：「育瑄啊，你『這樣』還能做到，很不容易耶。」

原來我家就是「有新移民配偶的社經地位弱勢家庭」

在一個我的成就與失敗不再跟我媽的身份掛鉤的環境中，我本該能無憂無慮快樂學習，然而國中時卻發生了一件深深影響我的事。

有天我媽打電話到政府部會詢問，我從彰化跨區到台中念書，還能不能像國小一樣申請身心障礙人士子女補助。卻得到對方一句冷冷的回應：「家裡窮就不要去念有錢人的學校。」

從前，填寫家庭調查表的時候，我都勾我家家境小康，因為自小衣食無缺。但那天無意間聽到我媽跟我爸說她得到的回應之後，我才開始意識到我家原來是窮的，至少在文化資本上面。原來我就是課本上說的「有新移民配偶的社經地位弱勢家庭」長大的孩子。我才發現我沒有跟我的同學一樣，上雙語小學或有一個英文母語人士家教、我沒有學過十年的鋼琴、也沒有學過跆拳道、書法、即席演講，更沒有機會學會如何落落大方的在台上說話，以及我從小就一直被挑毛病的中文。

這一切的一切，都是因為我來自一個低社經地位的新移民家庭。

這件事除了我爸媽和我，沒有人知道。

那位傲慢官員無知的一句話，讓我往後一段時間成為一個易怒和憤世嫉俗的人。幾年後我上了高中，有次室友跟我抱怨，為何學校總把全國性英文比賽的機會，優先讓給學校裡那些小時候住在美國和加拿大的同學，都不給其他人機會很不公平的時候。我只眼帶火光，大聲丟下一句：「你手裡拿一台 iPod touch，還跟我談公平？」

我開始鄙視所有因家庭背景而得到某些優勢的人；我開始注意別人言談的用字遣詞，有沒有一點看不起東南亞社群和社會下階層的意味，如果有，我就會開始憤怒，直到心中的無力感難以承受為止。

我很生氣，因為只要我犯錯，台灣社會就會把錯怪在我的家庭身上。他們不會告訴我，是台灣教育沒有幫工人階級的小孩補齊他們所缺的社會資源。如果我功課不好的話，都是因為我媽來自落後愚笨的東南亞國家，不懂得教孩子。他們選擇對階級避而不談，卻把問題推到種族上面，然後再告訴我，台灣是個擁抱多元文化的國家。這是在跟我開玩笑吧？他們叫新移民媽媽不要再把孩子教笨了，那學校教育的角色跟功能是什麼？

一條長裙與晚了十六年的耳洞

升高二的暑假，我跟母親「回」了趟東埔寨探望親戚，兩個星期的時間其實很痛苦。畢竟人生地不熟，雖然身為華僑的親戚們都會講國語，然而他們習慣說的語言，是我當時還不會的廣東話。我們每到訪一家，在一陣熱烈的歡迎之後，大家都會關切地問母親：「你女兒點解不識講廣東話啊？你冇教佢咩？」當時我廣東話只聽得懂支字片語，然而這句話重複大概第五次之後，我也知道親戚在質問我媽為何沒有教會我廣東話了。後來母親也不解釋了，只是跟我一起苦笑。

廣東話的紛爭，在我到柬埔寨的第一個下午達到高潮。在一個家庭即工廠的客廳裡，一群人搬來塑膠椅圍成一圈敘舊。在我邊沉默陪笑邊神遊大概兩小時之後，突然有一句話凝結了熱絡的空氣：「你女兒……是啞巴嗎？」

更糟的是，我就恰好聽懂了那句，偏偏我無法反駁，我連廣東話的我(ngóh)都發音不出來，怎麼能說「我不是」。當下，我真成一個啞巴了。

回來台灣幾個月後，某個留在學校準備期中考的週末，我不知道哪條神經不對，決定穿上我從柬埔寨帶回來的一條大紅色長裙。我一向是低調的人，也知道大紅色的底配上褐色圖騰的長裙並不在同年紀朋友的穿著風格裡，但我還是穿了。一天下來，不管走到哪朋友們都過來關心，反應大多是驚訝，沒什麼負面評價，幾個人甚至給了讚美。

當下我就覺得，我受夠因為怕別人說話，而得躲躲藏藏了。不管怎樣人們都會議論，那我因此活得遮遮掩掩有意義嗎？再說，我從小因為看到別人如何對待我媽，就拼命活成像一個普通台灣小孩的樣子。我開始感到愧疚，留我媽一個人在那邊被人說閒話，卻自己保護的好好。

那天下午我給母親打了電話，說：「媽，我想穿耳洞了。」

母親不敢相信，一直不願意像其他柬埔寨小女孩一樣打耳洞的我，竟然這麼說，一直蛤蛤蛤叫我再說一遍，到後面我近乎用吼得講了第五遍，她才說：「真的？下星期你回家我就帶你去打（耳洞）！」

在服儀規定嚴格的保守學校裡，我前兩週不能拆的耳環果然又受到大家的關心，但我不介意。耳洞打下去的時候，明明知道身體一小部分不見了，心裡卻像耳上的耳環一樣沉甸甸的，很踏實。他們想怎麼說就隨他們去吧，因為怕別人說所以晚了十六年才打耳洞，不等了，也沒必要再等了，因為我不怕人家怎麼看了。

在那之後我開始瞞著媽媽，偷偷自學廣東話，我想要學好了給她一個驚喜。我開始學著去吃我以前不敢嘗試的魚露、看些東南亞移民工相關的書。

一個週日的午後我帶母親到台中的第一廣場東南亞超市裡逛，人潮擁擠得讓她不顧害臊牽起我的手。我看著旁邊戴著金耳環和銀手鐲、一樣被她母親牽著的越南裔小女孩，心裡有點感動。以前我媽總邊嘆氣邊說，我不像她的小孩。而現在，我不只是個台灣小孩，也是她的女兒了。

找回我的名字

現在到美國上大學，在這裡有一位移民的父母並不是件什麼了不起的事。課堂裡總有幾個國際學生，後來要不是搞不清楚誰是哪個國家的（在兩個以上國家長大的小孩大有人在），要不就是即使知道也沒人在意。

剛到美國第一年時，我很強烈地有種我是外國人的感覺。當我跟美國人說英文的時候，當時我還頗重的台灣口音英文讓他們無法理解我。我時時刻刻都有很強的意識，我是個台灣來的外國學生，也導致我跟人交流的時候，在心裡不自覺地畫下國籍跟文化的界限，朋友也是亞洲各國學生居多。

到了大二，我開始進入社會研究系，在語言以及對美國文化、社會了解更多以後，我跟系上的美國同學混得蠻好。系上同學感情很好，大家也知道我是台灣人、外國人、亞洲學生、國際學生、說中文、說廣東話、工人的孩子……但一次也沒有，沒有人特別提起我的身份過。

有次跟系上多明尼加裔美國同學 Arianna 吃飯，那天我們談她在紐約市長大的故事、紐約的貧富差距，相談甚歡。突然，對面走來一個她的朋友，她對朋友開心大聲得介紹我：「這是育瑄，她是我的朋友！」

接著對我拋了一個飛吻：「She is fantastic!（她超棒的）」

我在一萬兩千公里以外，找回了我的名字。對出身在紐約貧困小多明尼加區、說西班牙語長大的 Arianna 來說，我是什麼背景、有什麼標籤都不重要。那些資訊，就跟她的成長背景一樣，只是成就了今天的我和她的元素。

從人們不喊我的名字，叫我「那個班上第一名的」、「那個他媽不是台灣的」，一直到朋友介紹我「這是育瑄，她是我很棒的朋友」，我找回了我的名字。

希望有一天在台灣，新二代的孩子能像這樣子，用自己真正的名字打招呼。當其他人看著我們的時候，先是看到我們這個「人」，才看到其他構成我們的因素。

輯 一

當台灣遇上東南亞

越南春捲和三個女人

那是在五年前，彰化花壇鄉一座三合院左側，一個最靠馬路的房間裡。

這個三合院的女主人阿仙阿姨很會做菜，她前幾天下班後邀我媽星期天去她家，跟我媽說要包越南春捲給她女兒吃。我媽是否赴約的標準很難拿捏，從小不知道聽她在電話中向對方謊稱生病了，不去了、不去了多少遍；但有時候，就算她加班了一整個星期，都已經踩了整整十一個小時五金加工廠的沖床機台，回家騎摩托車還差點腳抽筋，然後晚上一邊跟我爸碎碎唸，一邊擦各種神奇藥膏。卻會因為她喜歡去看看沒試過的東西，享受當劉姥姥的感覺，就東拉西扯叫我爸跟我一起出門，而放棄珍貴的星期天休假。

「炸春捲要準備很多東西捏，她說沒有認識幾個越南人會那麼費工在家裡用啦，都是去越南（餐廳）那邊吃。你要不要跟媽媽去？好啦好啦，去啦，你老媽我也不會包。」

我爸跟我對了看一眼之後，問了一句在哪？在花壇。噢！騎摩托車半小時就到了，鄉下沒車也沒紅綠燈，很快。沒辦法，我們也沒得選，雖然我們父女都不善社交，但免錢的食物最好吃。再說我爸捨不得我下廚，我也不願吃他炒出來的褐色高麗菜，有現炸越南春捲的禮拜天，聽上去還挺不錯。

從彰化市過去，我們必須先穿過中央路橋。平常沒事我們很少去彰化市這塊區域，除了去秀傳醫院跟漢民醫院、去監理站，就沒有什麼必要到橋另一頭。過橋後接著一路向南，完全不用轉彎，直到寫著斗大花壇鄉的綠底白字牌子為止，跟去監理站同個方向。我媽或我爸常開玩笑說：「夭壽唷，騎這段要小心一點，不知道有多少菜鳥仔剛拿到駕照在路上開。」

到了三合院門口，我爸和我媽分別把摩托車停好。三合院「門口庭」有很大的空間，隨便停都行。我們越過混著水泥和沙土的地板，進入三合院左側最靠馬路的房間。門是左右拉的，附近鄰居進出自如，根本就是「走自己家廚房」。有人提著一大罐家庭號綠茶來，一進來就自動走進廚房拿出一條紙杯，倒了一輪給所有人，剩的綠茶塞進冰箱。幾個阿桑、阿伯扯開嗓子聊天，講台語的時候聲音與笑聲很宏亮，他們也沒聊什麼特別的事，就聊村裡有誰酒醉騎鐵馬整個犁田摔到田裡去。就咧咧咧地笑，酒還沒開始喝就很嗨。我爸媽兩個四十歲的人，被這群阿公、阿嬤不知道叫「少年欸」幾次。我媽的臉上不停發光，她知道這樣有點不要臉，不過機會難得，管他的就當一次「少年欸」。

至於我呢，在一旁靠著牆的木頭方桌上包春捲。那天是我第一次包春捲，不過阿仙阿姨誇讚我包得好。我不知道客氣的成分佔多少，但可以確定的是我包春捲的功夫比我媽強，那就夠了。

包越南春捲的米紙是圓形脆脆的半透明薄片，上面還有藤條交叉編織的紋路，通常使用米粉和木薯粉加水蒸熟製成。用水泡軟之前，米紙一用力就會碎。在我小時候，在台灣還很難能吃到東南亞料理時，我媽透過朋友從越南帶回來一些米紙，想要自己包，想嚐嚐看記憶中的味道。然而總是包不起來就破了。不然就是包的 size 跟清明節春捲一樣大，然後還是破了……幾次之後我媽就徹底放棄。開始了她長達十年，除了各大超市販售的泰式甜辣醬，完全嚐不到一口家鄉味的生活。

越南春捲的料很費工，那天我們包的是「越式炸春捲」，得要包得細細的。很會做菜的阿仙阿姨正在用能炒一斗米的大鍋子炒春捲餡料。印象中大炒鍋裡炒的餡料有豬肉末、芋頭、木耳，好像還有蝦米，必須用小火慢慢的炒香。把米紙浸軟之後，還要包成一條粗細均勻的細長樣子，皮在外面包覆好幾層，炸了之後皮才會脆。封上時刷一點蛋黃，就能黏住。我包得不快，但外觀紮實。而我媽包了一個慘不忍睹的春捲之後就放下留給我做，一副擺明「我等我女兒弄給我吃就好」的奸詐微笑。站在我跟阿仙阿姨中間跟她講話。我後面多了兩個嘰嘰喳喳女人，前面有一桌嘩嘩啦啦的老人，只有我一人沉默地貢獻勞力。

「唉，這是所謂的能者多勞嗎？」我心想。

正常來說，我媽這個人很不服輸，人家說她做不到什麼，她就偏要去做。比如說，我爸覺得像她一樣嬌小的女人鐵定沒辦法騎一二五，於是她明明有了輕型機車駕照，還偏要去考一張一二五駕照給我爸看。小時候的我，總覺得我比爸爸更了解媽媽。她可曾是個沒錢買腳踏車，就向鄰居借了一台大車來騎的五六歲小女孩。騎上去不難，要下來卻難如登天。聰明如我媽，她就像成龍的功夫電影一樣，側過身子，雙腳一蹬，甩手鬆開，「咻」一聲，跳飛腳踏車。我媽最後有沒有練就輕功、優雅降落我不知道。但我可以確定的是，腳踏車在幾十次無人駕駛、高速前進、大力撞牆之後，龍頭被撞得歪七扭八、上西天去了。鄰居雖然很心疼腳踏車，但也沒有要外婆賠，他們知道我媽家裡太窮了，賠也賠不起。只能屈服這個搞怪小女孩的勇敢無懼。

光靠我一人包當然是不夠我們吃，不只要請我們一桌鄰居、同事吃，阿仙阿姨還要包一些帶去給工廠的越南同鄉吃。她拿出冰箱冷凍庫裡她事先做好的庫存，開始炸，說我可以休息了。包春捲業務被光榮裁撤之後，我回到老人歡樂桌，靜靜地坐著觀察大家，像看老式錄影帶一樣。幾個阿公看上去實在猜不出幾歲，雖然皮膚因為年老而有皺紋、因為幾十年在烈日下工作而黝黑乾燥，然而他們說話鏗鏘有力，笑聲宏亮。不知道是他們實際年紀沒有看上去大，還是他們因為日日用這個強度聊天和大笑，成為了中氣十足的老人們。座上的婆婆們亦然。同時，大家進進出出，有的人離開一下後，又會拿著一串香腸或一打啤酒再回來跟大家分享。

其中，進來了一個相對年輕的阿姨，大概四十多歲。她頭髮染了咖啡色、因為燙捲而有些毛躁，沒有戴眼鏡卻紋了眉，或者把眉毛畫成黑色柳葉眉的樣子。剛開始我沒有特別注意她，她看上去就是這個鄰里社交圈的一員，她自然而然地開門進來、坐下、用相同頻率的台語加入談話。中間她也突然離開，再回來的時候，手裡拿著一袋用紅色塑膠網裝的羅望子。

羅望子，是一種東南亞常見的水果，家樂福裡也有賣。每次經過，我媽都跟我說這在柬埔寨，叫做「天上的人蔘」。小時候她如果看到羅望子樹，會去撿地上還能吃的果實當零食，或者跟朋友拿東西往樹上丟，希望能砸中幾個掉下來。它看起來像豆莢，有龍眼乾的殼和一樣質感的果肉，一顆一顆的豆子是很酸的，也有羅望子口味的糖果，酸到臉頰揪起來那樣，還有淡淡的煙燻味。在全台東南亞食品小商店能買到，不過一顆顆羅望子豆直接裹上一層糖粉、或辣椒粉直接當零食更常見，一包二三十塊錢。羅望子也可以在煮湯的時候加入提味，跟鳳梨雞湯裡的鳳梨有異曲同工之妙。

年輕阿姨拿著那袋羅望子走進來的時候，有些人瞄了一眼，隨即繼續原本的談話。在偷聽了幾小時的談話之後，我早就沒有認真聽他們說的每一句話，即使我能聽懂所有的台語。而突然間客廳間的吵雜變了調。

「什麼，妳知道這句話？這是很老的台語耶！」一位阿婆說。

一位阿公接著：「對啊，我這麼有歲數了，好像只有小時候聽過有人這樣講。」突然之間，大家的目光都集中在羅望子阿姨身上。我看了一眼我爸，我爸偷偷告訴我，這句話他也沒聽過，大概要問我阿嬤或阿祖，他們可能才知道。一片讚嘆之中，有人問起了那袋長相奇異的果子。

「什麼，妳不是我們台灣人喔？夭壽唷，啊你台語哪ㄟ這麼好啦！」

「我是 wàt lâm 來的呀，來二十幾年了。」

我仔細地聽了她這句話的每個字的發音，不禁讚嘆簡直無可挑剔。在我心目中台語流利的最高境界就是有「氣口」（khuì-kháu），大概意思是說話時的氣魄和韻味，她就是講台語有完美「氣口」的人！

尤其 wàt lâm（越南）這兩個字，讓人聽了產生一種時空錯置的感覺。怎麼會有人用如此完美的台語跟你說她是越南來的呢？那種錯覺就像你在捷運上聽到兩個年輕人在聊天，轉頭過去竟然看見兩個長得一點都不像亞洲臉孔的兩個人，說著台灣腔一樣神奇。

羅望子阿姨說他兒子已經去城市裡唸大學了，也坦言不久前跟老公離了婚。離婚之後，原本的夫家在巷頭，她就在巷尾租房子。一個阿婆問她常常遇到不會尷尬嗎？

她說：「啊有什麼好歹勢的，這是我生活的所在，二十幾年攏慣習啊。我就要住在這裡，歹不歹勢那是他家的代誌，我要過我自己的生活。」全桌的人吸了一口氣，佩服。

沒有人知道他們為什麼離婚，然而所有人都站在羅望子阿姨這邊。

大家好奇她做什麼工作。跟我媽和阿仙阿姨一樣，她也在工廠上班，薪水一樣不好，一天就幾百塊，要生活還是得要靠加班。大家接著關心地問，為什麼她口才那麼好，怎麼不考慮做一些行銷的工作，賺業績總比在工廠一小時一小時賺來的強。

答案出乎意料。就像離婚後她選擇住在跟前夫家同一條巷子一樣，羅望子阿姨做事都有她的道理。她說工廠是累，但下班之後不用擔心這擔心那的，還要一直動腦。一小時、一小時賺，感覺比較實在。「我們人啊，不用求太多，實實在在就好了。」

想和其他姐妹和鄰居分享家鄉美食的阿仙阿姨、用奇葩手段考到駕照的我媽、和用強大適應力腳踏實地在台灣生活的越南阿姨。這三個女人，都在那天午後，一起笑著吃越南春捲。

東南亞來的台灣媳婦

東南亞媳婦使用說明書

一、適用對象

1. 對台灣適婚年齡女性失望，想尋找一位勤儉持家、任勞任怨、為你生孩子洗衣，如此優秀妻子的你。
2. 讓你媽終於「媳婦熬成婆」，不想把媳婦當女兒疼愛與尊重，享受當惡婆婆的快感。
3. 你不希望妻子經濟獨立，想讓她專心在家裡當個好媳婦、好老婆、百依百順、依賴你，你想扮演大男人的角色。

4. 你的父母年老衰弱，而你缺一個免費的終身看護。

二、使用說明

1. 聽說同事阿成的哥哥剛娶回越南媳婦。問他現在的市場行情及他們使用的仲介機構。
2. 飛到該國跟媳婦候選人一一相親，候選人來自偏遠鄉村的村長介紹、姐妹朋友「好康倒相報」、或候選人自行報名。（＊注意，媳婦販賣方也有自己的價碼，沒有成交請握手微笑說再見。）
3. 談定之後，在當地馬上辦訂婚儀式與宴席，需拍照留證，方便日後在兩個國家辦結婚手續。
4. 回到台灣等待雙方國家辦好各自手續。

5. 一到三個月後，飛去辦結婚儀式，把媳婦帶回家，在台灣再邀請鄉親父老辦結婚宴席。

三、副作用

1. 妻子帶著孩子逃跑，你的家族因而香火斷絕。
2. 妻子仍然出去工作，拼命加班。因為賺得比你多，從你手上奪走一家之主的發語權。
3. 妻子會在家裡廚房煮各種難聞噁心的食物，包括魚露、鴨仔蛋等。
4. 妻子會用你聽不懂的語言吵雜的講電話，你都不知道是不是說你壞話。
5. 你的孩子中文說得很差，學業成績低落，讓你在親戚、老師、同學家長前抬不起頭。

6. 你需要像誇大自己生殖器大小一樣，不斷地向人誇耀你花多少錢買來了媳婦。

如有疑問，請撥打「三個月娶外籍新娘保證不逃跑公司」免費服務電話：0800-087-087。將為你提供誠心的售後服務！

（投資有賺有賠，購買此服務前請閱讀公開說明書）

我家版本的「跨國婚姻」

當然，並不是每個有外籍配偶的家庭，都完全遵從這份使用說明書，比如說我家。我父母結婚時，我爸二十七歲，我媽二十五歲。爸爸走上跨海找妻子的這條路，是因為當時阿公去世，按照傳統，若不在百日之內結婚，孩子必須守孝三年。當時家裡覺得爸爸已到適婚年齡，三年太長，所以相親看看有無適合的對象。爸爸只有國中學歷，從小就調皮的他不愛唸書，高職唸不到一年就輟學，開始工作。工匠家庭起家的阿公阿嬤並沒有意見，只要孩子不學壞，踏踏實實工作生活，他們就滿足了。

爸爸輟學之後勤勞上班，學過修鐘錶、也學過刻印章，後來伯伯跟著流行開了電鍍工廠，他就在那上班工作。爸爸性格樸實，但喜歡音樂，每天花幾小時在電台聽我所謂的「台語流行金曲」。如果有比賽誰能聽一秒片頭就猜出歌的比賽，我爸一定能贏。他也喜歡棒球，喜歡摩托車，雖然他騎的是加了兩個輔助輪的三陽一二五，但不影響他每天最快樂的時候就是早晚騎車上班的二十分鐘。

他長得兇神惡煞，具體來說是眉毛粗到快要連在一起，工作怕熱理了寸頭，但面惡心善，不菸、不酒、不賭。喜歡狗，狗也喜歡他。就算只是去麵包店買麵包，一有時間他就會試看看騎不一樣的路，「路吼，多騎才會熟！」他總那麼說。

而媽媽雖然才二十五歲，但在當時民風保守的柬埔寨，已算有晚婚危機，她的好姐妹們多半都已結婚有了孩子。在柬埔寨媽媽只剩下唯一的親人，我的舅舅。舅舅當時已娶妻生子，生活平凡穩定，媽媽白天在印刷廠工作，晚上去中文學校學習國語會話，以彌補小時候因戰爭失學的遺憾。老闆人不錯，每天只要員工把當天的工作做完，就可以早早下班回去休息。

在戰後的柬埔寨，女生遠多於男生，可能原因除了多年內戰過後，男生人口大減、也因為重男輕女的普遍觀念。不少女孩子遠嫁國外，尋求更好的生活。媽媽身邊也不乏有這樣的女性。媽媽受夠了貪污的柬埔寨政府，她聰明勤快，卻沒有翻身的機會，也沒遇上可靠、能一起共組家庭、一起打拚的男人。「柬埔寨男人很多都娶兩個老婆。女生太多了，沒什麼價值。」在我問為什麼我只有一個舅舅，卻有兩個舅媽的時候，她如此回答。

於是她報名了跨國婚姻仲介的相親。對她來說，婚姻的基礎並不是風花雪月，而是找一個誠實可靠的人，一起生活打拼，生養孩子，並在過程中培養家人間的感情。

我如何看待「人口販賣」的說法？

在學校修「性工作與性販運：賦權、剝削，與性政治」這門課的朋友，圓圓。她對於我的家庭故事很感興趣，並與我分享了一個想法，或許把跨國婚姻看成一種像是年輕人找工作搬遷的移動，比過於簡化地貼上「人口／性販運」的標籤更妥當。

因為有「女性」和「性」牽扯在裡面，人們很容易就把這些國外年輕的新娘視為商品談論。但這忽略了「女性本身」在這件事的過程中所扮演的角色。在大部份的情況裡，這些女性並不是被動地被娘家販賣，而是有自己自主選擇的意識在裡面。對比男方的台灣社會，卻習慣物化這些女性，當成標價商品談論。

在盛行女性藉由婚姻出走的地區，女孩子們談論哪些國家對移民相對友善，哪些國家社會福利較好、適合自己重新立足開創新人生、或者生養孩子、或未來容易擔保把家鄉的親戚移民過去，就近照顧。她們報名學習目標國家的語言，和已出走的姐妹交換遇到問題時如何保護自己的心得。

誰不想往高處爬？年輕人找工作也是如此，他們尋找適合的地方、做功課，他們賭上目前所擁有的一切，或許搬到一個不熟悉、舉目無親的城市；或許到另一個國家賺錢奮鬥，為的是一個夢想的未來，同時也希望能找到一份自己熱愛的工作，並用青春奉獻。但也和找工作一樣，年輕人和老闆的期待往往有落差，年輕人希望遇到尊重自己才華，創造自己成長空間的老闆，而有些老闆希望找到為自己賣命，卻不要求加班費，好用即丟的年輕員工。

我不認同隨意用所謂的道德標準去負面評價一個人，也不贊成隨意將這些遠赴他國的女孩子稱作「那些把自己隨意賣了的賤女人」。畢竟在台灣社會裡，有誰不是為了生活的穩定、社會的期待，在自己不喜歡的學校和公司，出賣自己的靈魂？

我想我身為一個新二代，必須將台灣社會中對於「外籍配偶」的刻板印象血淋淋、不假修飾地寫出來，或許能達到與大眾偏見的溝通，以及新二代自我療癒的作用。這些話在我成長的過程中，給我和我的家人帶來的傷害，使堂堂正正生活的我們常抬不起頭，並懷疑我們存在的價值。在大一修過社會學入門，並以社會學的角度去分析的方式寫了自傳當作期末報告之後，我能心裡舒服的跟大家講述我爸媽認識的故事，並不再害怕。

我希望有一天，在台灣這塊土地上生活，再也沒有人會因為自己身上的血而害怕。

台灣無所不在的口音歧視：我媽通五國語言，卻因口音遇上麻煩？

因為說國語有口音，我媽在台灣生活的二十年間有過許多糟心事：打電話去彰化縣政府問女兒去台中念私立國中，能否續領身障子女書籍費補助時，對方回應：「家裡窮就不要把小孩送到有錢人的學校」。

媽媽跟老爸去郵局辦事時，因為不懂而多問了幾個問題，櫃檯便不耐地喊：「不懂就不要來浪費人家的時間」，氣得他們回家要我幫忙客訴。

更離譜的一次，我媽牽著我走進一間台灣人開的、裝潢頗新的美容院，想要接睫毛。接待小姐看我長得跟媽媽完全不像，就壓著聲音問我：「妹妹，你告訴我，她是你媽媽嗎？」完全不顧我媽就在旁邊。

因為說話有口音，就同時被瞧不起窮、被看不起沒知識，還要被懷疑拐走別人家的女兒。

如果一個沒讀過書、國語講不標準、因為做工而膚色黝黑的台灣老爺爺帶著一個白嫩小孫子出門時，他會遭遇如此對待嗎？我想不會。

因為在台灣，我們每個人家裡可能都有一位這樣的阿公，他的台灣國語讓我們感到親切、而東南亞口音讓我們感到警戒；我們能體諒阿公年輕時沒讀過太多書，不會因為他多問幾個問題就不耐煩；更不可能懷疑阿公是人口販子，除了我們看習慣這樣的組合外，還因為我們會把阿公走路時護著孫子肩膀的那隻手看在眼裡。

為什麼我媽說話有口音？

簡單來說，她不在台灣長大，講話當然有口音。但要說詳細一點的話，這故事可就長了。

我媽出生在柬埔寨一個廣東人家庭，從小會講廣東話跟柬埔寨話。日子動盪，五歲那年，外公外婆生病沒藥醫，雙雙病逝了。紅色高棉開始掌權，不許華人學習中文，家裡的祖先牌位都得藏起來。因為怕人民學會認字之後，就會掌握知識，擁有反抗的能力，連路邊放映的野台電影院也不准放柬埔寨文字幕。

三年後，一九七九年越南進攻柬埔寨，紅色高棉瓦解。

當時才八歲的我媽與舅舅，從紅色高棉鄉下的集體農場被放出來。因為柬埔寨民生已經摧毀的差不多了，生活不下去，她跟哥哥做出當時很多存活下來的柬埔寨人都會做的決定：到越南討生活。白天哥哥去工廠上班，我媽她就去市場賣餅。剛開始她只知道怎麼用越南話賣餅，其他完全不會。有時候遇到惡霸吃餅不付錢，她追是追，也沒用。一個八歲的柬埔寨華裔小女孩，越南話講得不怎麼樣，誰會理她？

每天賣完餅，她就走很遠很遠，回去跟哥哥會合。他們的全部身家只有各自身上的一套衣服，一個鍋、一張席子，晚上找到誰家門口屋簷下不趕人，就睡哪裡。「也不是每家都會趕，有的人看到還是可憐你，一個十幾歲哥哥帶著一個小妹妹。」雖說這樣，常常兩兄妹下班回「家」發現席子或鍋子就不見了。

這樣顛沛流離的日子過了許久，我媽也錯過了上學的機會。本來家族裡不管生男孩女孩，都會送去華人開的學校上學。在金邊，你可以從國小到高中都讀中文學校。像我的三個表哥長大的時候，家境穩定一點之後，都是同時讀兩間學校，早上上華人學校，下午上柬埔寨學校。中文學校不只學中文，而是用中文學所有學科，所以數學要學兩次。

兩、三年後，媽媽跟舅舅回到柬埔寨，日子艱難，照過。又過了好幾年，幾經輾轉又回到了金邊，媽媽這時已經十五、六、七歲。每天到印刷廠上班，日子漸漸安穩。存了點錢，去上夜校，學中文會話、學寫中文字、讀文天祥寧死不屈這種古老的課文。她第一次上學，很辛苦，不過還年輕，很快她也能把字寫得很整齊，在格子簿裡練習給舅舅寫信。

後來嫁到百分之九十八人口都是閩南人的彰化，媽媽學會了台語。我家裡所有親戚都講台語，前面幾年媽還不會台語，大家就遷就著跟她說國語。但她學得很快，很快地就能跟工廠師傅聊天，說「時機歹歹吼，錢歹賺」，逗得師傅哈哈大笑。

就這樣，在三十五歲左右的年紀，沒有受過任何正式教育的她已經集滿柬、廣、越、國、台五種語言。她用她知道的語言體會著不同生活的快樂，她吃飯時跟我們一起看黃金夜總會，認識賀一航、澎恰恰等主持人，喜歡聽黃西田、黃乙玲、葉啟田等經典台語歌手唱歌；她跟越南小吃店的老闆娘聊天，還三不五時因此拿到免費小菜；她在台灣吃港式飲茶的時候，用廣東話跟我抱怨這個蝦餃有多不正宗；她用國語跟工廠的泰勞說：「我知道你疼老婆，但你也不要把賺的錢全部都寄回去，要留一點吃飯。這不是什麼高貴的東西，不過這袋刀削麵你拿去煮，一個年輕男人吼，不要一直省錢吃泡麵。」

口音到底是什麼？

我最喜歡的是南非脫口秀喜劇演員 Trevor Noah 的答案：「口音是你解讀別人說你母語的方式。」這個說法很有意思。

他繼續跟他的美國觀眾說：「就像我們聽俄羅斯人講英文，無論他講什麼感覺都是在幹非法交易。但他轉回俄語的瞬間，你會覺得他只是一個在跟兄弟講電話的移民。」

「因為我們聽不懂俄語，但聽得懂英文，所以很自然會先入為主帶有想法、甚至是偏見。然而這些偏見不一定有意義。」

對柬埔寨人來說，我媽說柬語聽起來就像一個久居國外、現在一定很有錢的柬埔寨人；對越南人來說，我媽是一個總用不標準南越口音喊老闆娘

「người đẹp」（美女）的嘴巴超甜顧客。

對台灣人來說，我媽講國語總發不出四聲，人們就會想：啊，這個是「嫁過來的」，對菜市場的老闆來說，我媽講台語聽起來是個精明女人，上一秒誇你水果甜，下一秒就要老闆少算三十塊。

對香港人來說，我媽說廣東話咬字清晰的像超古老廣東電影，會讓他們想起自己在廣東鄉下的外婆。

所以，當我們聽到不同的口音會有不同的印象，是正常的事。問題是，我們選擇要不要讓我們的這種「印象」，影響到我們對一個人的看法。比如說我剛到美國的時候，英文還不好，發生過兩件事。

第一件事是在學校餐廳打工，我在倉庫找剪刀，想要剪開蘋果紙箱。一個美國廚師問我在找什麼，我說「scissor」。「啥『scissor』，『caesar dressing（凱薩沙拉醬）』嗎？」她困惑地說，因為 scissor 跟 caesar 聽起來一樣，有時候我們得到廚房拿一桶桶凱薩沙拉醬出來補。

經過我一番解釋之後，她豁然開朗地說：「Ah! ScissorS!」又立刻用浮誇的語氣補上了一句：「Where are you from ?」（你到底是哪國來的啊？）

我只能悻悻然說台灣，同時覺得廚師對我工作很累時的英文小錯未免也太苛刻了。

第二件事是大一時，我去找教我西班牙族群史的教授聊天。中間她聽不懂我說什麼，請我重複。重複第二遍她還是聽不懂，我就很不好意思的說：「抱歉，我的英文不是很好。我很喜歡這個主題，可是我還沒學會怎麼用英文『談論』歷史。」

她說：「噢，千萬不要說對不起，你說你三年前才開始自學英文，已經很不可思議了。要不是你會講英文的話，我今天就沒有機會跟你聊天。你能想像我能用中文『談論』什麼鬼嗎？」

老實講，我只是希望不只是在國外的時候，我希望在台灣的時候，人們也能對有口音的我媽，更友善一點。

穿耳環就是壞女孩？

耳環的意義對我和母親來說，遠遠超過一個飾品。耳環象徵了我與母親的關係和自我身份認同的變化，耳環也是母親對外婆僅有的少數回憶之一。

母親的童年與一般孩子相比實在短暫。五歲後她就沒了爸媽，在紅色高棉的政權下跟他大哥相依為命。從前，她很少對我說她以前的事，說到時也只是簡短說：「那時真的很苦」，此外，什麼也沒有多說。或許是因為怕小時候的我聽不懂，只簡單用了「很苦」二字；也或許，除了苦，她再也找不到言語來述說那段扭曲的記憶。等我再長大一些之後，她才開始慢慢跟我說更多以前的事：戰爭前的兒時玩伴、戰爭時路邊隨處可見的屍體、以及戰爭後幾經轉折，她終於回到金邊，過著在印刷廠早上工作，下午休息的平淡生活。

母親的中文表達能力有限，說起往事時卻能把細節說得像羽絨一樣細。我能聽到在紅色高棉集體農場裡，瘦弱的小女孩偷偷進到豬圈偷吃豬食時，健壯的豬發出的叫聲；我能看見母親在戰爭後跟大哥從柬埔寨逃到越南，每天穿著從樹上打下來的鳥巢做成的草鞋，走幾個小時到市場賣餅，叫賣到太陽下山，在黑夜中再走幾小時回去。那時，她的越南文程度只限於賣餅，有一次遇到有人吃餅不付錢，她也只能邊追邊用柬埔寨語大喊，直到追不了為止，在心裡用廣東話嘆息。

這些故事很零散，以致於十幾歲的我聽著根本拼不出一幅有模樣的全景圖，更別說透過這些轉述，能夠理解母親平時的行為和言語了。

其中我最不能理解，就是她一直想要我穿耳洞，幫我穿金戴銀。

她不只給幼年的我戴上玉手鐲，還給我繫上細細的銀腳鍊。然而，玉鐲被我大手大腳地撞破了幾個，各種鍊子也被我在半夜睡覺時偷偷扯下來。在台灣長大，我不認為一個小女孩有玉手鐲跟銀腳鍊可以戴是令人開心的事。這種「時尚」似乎很古老，甚至怪異。我沒有看過其他小女孩也帶著琥珀色澤的手環，我只看過她們戴珍珠美人魚圖案的手錶。

所以當她問我要不要穿耳洞時，我說「才不要」。我騙她說我怕痛，但怕痛只是藉口。

害怕才是真正的原因，我不想變得不一樣，惹人議論。

當時我身邊沒有任何台灣小孩有穿耳洞。我知道在台灣做為一個小女孩，要是戴金耳環的話，會被認為是愛慕虛榮、會被當成一個壞小孩；又或者，別人就會知道我們的媽媽來自越南／柬埔寨。從小我就學會低調過生活，畢竟連不小心說了廣東話都能在幼稚園造成風波，天知道我在國小就穿耳洞會怎樣？

國小每學期開學時，老師都會發下家庭背景調查表，五年級的導師對全班說：「家裡是原住民的、有身心障礙的、外籍配偶的同學，下課到前面找老師。」

（呃，老師這樣的意思是我很特別？那我去找他不就被全班知道我家有問題了嗎？）我在心中納悶著。

老師看似隨口改成到走廊找他，但我覺得他的新提議仍是個暗示。那節下課，我還是低著頭走出教室，在跟老師說話時，我仍死盯著地板，不敢張望。我怕看見同學看我的眼神。

在那之前，我不覺得有個「不是台灣人」的媽有什麼大不了，也一直覺得我爸的四輪殘障摩托車很酷。當我俐落踩著輔助輪跨上車、坐好、接著我爸發動引擎時，我以為我們是街上最帥氣的父女，如戰車要出征一般。

在那之後，我更覺得需要隱藏我的家庭。老師的暗示確定了我這個想法：如果我要告訴別人我有柬埔寨媽媽跟殘障爸爸，就必須到沒人能聽到的走廊上偷偷地說。

對於當時只是孩子的我來說，這個想法的背後訊息難以承受。

穿耳洞之後的生活？我想都不敢想。如果我戴著耳環去上學，老師是不是也會在全班同學前面數落我？還是讓我罰站？又或者會像之前一樣，上課上到一半突然說「柬埔寨也沒那麼落後嘛」，還跟我對到了眼神。說出「外籍新娘真會打扮小孩」之類的話？

所以，我按照自己的計畫裝成一個「正常」台灣孩子，母親想要我打耳洞的願望也一再被我拒絕。十二歲的我決定離家唸書，到一個沒人認識我的城市重新開始。我想要人們開始叫我劉育瑄，我真正的名字，而不是「那個媽媽不是台灣人的同學。」

國小和國中如我所願平淡度過了。

直到升高二前的暑假，我跟母親回柬埔寨，我內心維持才沒幾年的平靜又被打亂。雖然我們都稱這趟旅程為「回」柬埔寨，但是柬埔寨對我來說是個完全陌生的地方。當時的我不懂當地風俗，也不懂柬埔寨語。兩週的探親之旅對我來說痛苦無比，每天我們一早起床，接連去拜訪幾個母親的舊識。

每到一個新的家庭，我的身份就會被一再質問，「點解妳冇教佢講廣府話呢？」親友用近乎質問的語氣問我媽，為什麼沒教我廣東話。「叔叔你好。」我只能裝作沒聽懂，有禮貌地微笑用國語說。當看到親友從發現我從上次見到的小嬰兒長成這麼大的驚訝與感動，轉變到發現我不會說廣東話之後的失望、進而把我當成跟他們不一樣的人，我的內心是很苦澀的。

觀光景點的小販上一秒還在用流利英文向歐美旅客兜售用植物編織的手工手環，這一秒轉頭就跟我說柬埔寨話，以為我是當地長大的華僑。我用英文簡單的說我只說英文，小販卻不能理解地搖搖頭，接著唸了一句柬埔寨話。我只好找來表哥替我翻譯。

我不怪我的親戚，也不怨小販無法接受沒有西方面孔的我也是外國人的概念。讓我覺得諷刺的是台灣政府。他們說，新二代擁有雙語和雙文化的優勢，可以成為台灣新南向政策的小尖兵，為台灣贏得龐大的經濟利益。因為過去台灣社會普遍對東南亞文化的歧視，我喪失了擁有雙語和雙文化的機會，也失去了我一半的家人。

如果哪天我學會了這些「優勢能力」，我第一個要做的是用來保護我自己和我家人。我想告訴我自己，從小被笑中文不好沒關係，現在你會廣東話了，多會了一種語言，也打開了另一種生活方式的門。以後再有人因為母親的口音而用歧視的態度對待她時，我可以當著他的面跟母親說：「我哋走，無晒理嗰個黐線」（我們走，不用理那個瘋子）。

時間能倒轉的話，我想藉由說同一種語言表示我跟母親站在一起，來讓那些人知道自己行為的荒謬。我因為能完美地說出臺灣口音的國語，就能到哪都享有到基本的尊重；反之，我媽僅僅是因為口音一聽就知道是那些「嫁過來的」，就在他人心裡矮了一截，失去了她應有的尊重。當我在這些人面前切換成廣東話跟母親交談時，我就能跨越他們心中那條「高級台灣人」的界線，能說台灣腔國語的人，才是我們高級台灣人的扁平想法。

母親能用五種語言應付日常生活：國語、台語、廣東話、柬埔寨話、越南話。其中國語、台語是她在二十多歲才學的，能買菜、殺價、跟工廠的師傅用台語抬槓交朋友，已經很了不起。為何我們還要苛責她說起國台語時的那點口音，還因此預設她不值得被同等看待。

從柬埔寨回來，意識到這些之後，我對母親感到十分愧疚。作為她的女兒我沒有跟她站在一起，反而還因為恐懼而隱藏自己新二代的身份；而作為一個台灣人，我竟然漠視這些事情發生。我想做點什麼，最後，我決定要穿耳洞。

在一個滿滿醫生和教授女兒的私立學校裡，這個行為有很高的機率，會讓我被教官請去「喝茶」，甚至在同學面前受到老師冷嘲熱諷。如果做她女兒的代價是不能做一個乖學生，我願意承擔這個風險。我在一個沒有回家的留校週末，打電話回家給我媽。

也許是我說到快要哭出來了，她聽得不清楚；也許是太過開心，她不斷重複確認：「你不要給我騙唷，真的？」她的國語帶著台語文法。

「嘿啦，你糙耳聾吼？」我大聲到校園走過我旁邊的同學都回過頭。電話那頭傳來我媽的笑聲，有沒有搞錯？明明我剛剛才跟她沒禮貌的大小聲。

在我穿耳洞之後，我跟母親之間的閒聊多了。她像一個時髦的年輕女孩一樣，總熱情的跟我聊著耳環的事。她拿著不同的耳環，在鏡子前比較哪一對更適合今天的穿著。

「現在打耳洞很進步捏，用槍打的。老媽我想去打第三個，試試看。」

我從來沒注意過母親兩耳都有兩個耳洞了。她說，第一個是外婆幫她打的。家族裡一直生的是男孩，終於生下了她，很開心。外婆說是女兒，無論如何都得打個金耳環給她戴。小時候家裡很窮，外婆每個月都從家用裡省出一點點，終於存夠錢，給媽媽買了第一對金耳環。很小很小一個，不過是純金的、形狀就像單環手銬一樣。小孩子的耳朵還很軟，外婆「扣」的一聲用力把耳環壓進去，就戴上去了，也順便穿了耳洞。

「怎麼可能？」我停下梳頭髮的動作，右手仍抓著手中的梳子，站在母親的後面照同個鏡子的我，瞪大眼睛看著鏡子裡的她。

「真的呀」她終於選定了一對耳環，打開前後兩端，先戴上右邊，又低頭拿了另一只耳環，「我還沒說第二個耳洞怎麼打得哩。」

第二個耳洞是戰爭後，已經沒有媽媽的母親自己找人打的。戰爭後，現金如同廢紙，交易時普遍用米。她給市場裡的老婆婆一杯米，老婆婆就熟練地捏了兩下她的耳朵，把針用火燒熱後刺過去。就是一般縫衣服的針，後面還穿著線。

「哪有錢買耳環，沒錢就隨便先用一條線穿著打結，有錢再戴。」

那時我才知道過去她一再盯著別人家的女兒，說「看，越南的女兒有戴耳環，多漂亮」這句話是什麼意思。她也想要像那些媽媽一樣，讓自己的女兒漂漂亮亮的。她每天加班，沒有讓我餓過肚子。現在她當然買得起耳環給女兒了，我如果打了耳洞，她絕不可能讓我只用一根線、或一根草穿過打結。我卻有十幾年不願意戴耳環，她該多難過。所以母親總是抓緊機會對我明示暗示，希望我打耳洞。

媽媽結婚時帶過來的飾品，都裝在一個布包裡，外面用衣服捲起來，藏在衣櫃的角落裡。我總會拿出來東翻翻，西翻翻。我很好奇，因為她從來都不戴。回想起來，裡面那些金銀飾品不少，都是為我準備的。

她自己只戴玉的。她說過自己曾經什麼都沒有了，只剩下爛命一條。大概因為這樣也不願意穿金戴銀炫耀自己。但是她想要大家都知道，她有一個健康長大的女兒。想給女兒戴上自己存了很久的飾品。那個布包裡有個小的金手鐲，大人根本戴不下，上面還有一個招財貓的圖案，我猜這是給小孩子祈福的。我媽一直遺憾沒有如願生下一男一女，在路上看到可愛的小男生總跑去問人家爸媽可不可以讓他拍張照，我還曾因為這件事感到不是滋味。但轉念一想，我媽竟然在她嫁過來的時候就準備好要給我戴的鐲子，還在懷我的時候去寺廟裡祈求，第一胎請給她女兒，如願就初一十五吃素一年，她承襲了柬埔寨家人的傳統：喜歡生女兒。

她對我除了要吃飽、穿多一點衣服，就沒過什麼要求。二十年來，她忍受眾人的閒言閒語，卻連想用她的方式愛我都無法如願以償。因為我跟她長得不像，小時候遇過幾次有人暗示她是不是拐走別人家的孩子。要是當時的我帶著耳環，或許就能讓人家清楚知道我是母親的孩子，或許就能讓她剛來台灣的孤苦日子裡，少受一點傷害。

台灣人，不要再說我們沒有種族歧視了。

有，就是有。

從我跟其他新二代小女孩都不敢穿耳洞來看，雖然我們宣稱台灣是個多元文化的地方，做的卻完全是另一套。我有很多同學從小就戴著用紅線綁著的平安符，是他們的阿公阿嬤從廟裡誠心求來的。老人家不喜歡出門，卻不厭其煩地到香火鼎盛的廟裡，細心地告訴神明自己孫子的名字，擲筊，得到神明同意後方能領一個平安符。還要「過香火」，才能拿回家給還在襁褓中的孫子戴上。然而，我的同學從來不會感到害怕被發現自己的家人是信奉道教的閩南人。也不會有人誠實地說平安符看上去很俗、很土。

憑什麼！我就得要害怕被發現，只因為我的母親是想要慶祝女兒健康活著的柬埔寨人？

我不同意有人會說這是小題大作。先不用說以耳環來評斷一個孩子無意義且殘忍。這件「小事」透露出我們慣於用單一面向去評判他人的「危機」。我稱它為危機，是因為這不只影響到被評判者的生活尊嚴，也將影響到我們每個人。當每個人都無情地以自己任意的標準批評自己不了解的事物，終有一天，沒有人能逃得出我們親手建築出的道德綁架社會裡。

這個危機在當今台灣的社會不論男女老少都會面對：女人們是否不能隨心所欲打扮自己，塗稍微紅一點的口紅，就會被質疑「妝畫那麼濃想幹嘛？」、穿了展露身材的衣服，就會被謠傳為壞女人？男人們，沒有在三十五歲前結婚，就會被認為一定是「那方面」有問題？小孩們只要活潑貪玩、興趣不在讀書，就被認為是壞孩子，被學校放棄？老人們一旦頭髮白了、長出皺紋了，就被認為不再能有貢獻，是社會的米蟲？

既然這些過於簡化的標準讓我們無論身分，同樣感到痛苦與無奈。那是否，也能心疼一下我和其他新二代小女孩？

我們沒想過或許像我一樣的這些小女孩，只是希望跟媽媽一樣戴上漂亮的耳環，沒有一絲叛逆的意思；又或許，我們雖然因為害怕而曾經裝作普通小孩，卻勇敢做出決定：要在耳朵上留兩個小洞的位置給媽媽，讓她們可以為我們戴上她從家鄉一路揣在布包裡帶來台灣，準備給女兒的耳環。

我們的媽媽不是愛慕虛榮，頂多是想炫耀。她們只是想炫耀，她們有個健康漂亮的女兒。

我嫉妒的那位越南小吃店女兒

在彰化火車站附近的小巷裡，有間我和爸媽常去光顧的越南小吃店。雖說是小吃店，店面卻不小。高達三層樓的店有著寬敞的門面、明亮的燈光和拋光的地板。越南小吃店家，有一個頂著西瓜皮的女兒，頭髮短到耳環常會露出來，大概八、九歲，每次看到她，不是跟媽媽坐在門口聊天，就是坐在收銀台幫忙收錢。

沒錯，我嫉妒著這家的女兒。

那間店的騎樓是廚房，而收銀台在店一樓的最裡面。小女孩陳妹妹就坐在櫃檯後堆得跟山一樣高的一箱箱啤酒旁，沒有其他小孩子顧店會有的扭捏。她氣定神閒地坐在那，有客人就招呼，一種熟練而自信的姿態。若沒特別注意，你不會發現小女孩會依照客人的不同國籍，毫無障礙地切換越南文和中文應答。因為她從接過菜單、到按計算機、再到跟客人對話，流暢反應就跟我從小吃到大、已經賣了二十多年的麵攤老闆一樣熟練。

陳妹妹是一個如此上得了檯面的小女孩，而我則是我媽得跟柬埔寨親戚們賠不是的小蘿蔔頭。若要更精準描述我心裡感受的話，我覺得自己更像是烏密嘛的老菜脯。我媽媽是來自柬埔寨的廣東華僑。升高中二年級的暑假，我和媽媽回柬埔寨探望她故鄉的家人朋友，每到訪一家，我的華僑親戚們總會熱情地歡迎我和媽媽，但當他們發現我不會說廣東話時，就會用接近質問的語氣對我媽說：「妳怎麼沒有教她廣東話？」我媽只能苦笑說：「她小時候我都跟她說廣東話的，後來大了、忙了我就忘了。」

我以前從沒想像過家裡經營餐廳的孩子是怎麼樣的心情。雖我也不會知道，但我總會猜想著小女孩眼中的小吃店是什麼樣子：客人跟她說要加點一個 bún（米線），轉身從旁邊的冰箱裡拿出一罐 Không Độ（零度，一個越南罐裝綠茶品牌）給她計算找錢；她看著越南員工從餐廳端出熱湯，年輕打工仔用台語大喊：「燒唷～」，接著店裡的吵雜突然被大家的笑聲跟掌聲給蓋過。她看著情侶兩個人點了一碗牛肉湯，分成兩個小碗一起喝；她看著另一個小女孩批哩啪啦用越南文跟她媽媽說想吃什麼，她爸爸只能瞇著眼端詳菜單上一排小小的中文字……

她所看到的媽媽的世界，是如此鮮活。而且跟我不一樣的是，她也是那個世界的一份子。

斷裂的語言，遺失的故鄉記憶。與陳妹妹相較之下，我的「家鄉」柬埔寨對我來說卻是一個未知的地方。台灣的旅遊節目總是一再重複地播送柬埔寨人喜歡吃炸昆蟲的刻板印象，總是帶著觀眾去看吳哥窟、去看紅色高棉時期大屠殺所留下的一堆堆人類頭顱與骨骸。

依稀印象中，小時候回柬埔寨，我們吃了炒飯、吃了好多台灣沒有的山竹（一種東南亞盛產，外皮像百香果、裡面像蒜頭的水果。台灣早期還有進口，二〇〇三年禁止到二〇一九年，真是讓人傷心）。記憶中還有一片天氣很好的大海，我就坐在沙灘上，坐在廢輪胎充當的泳圈裡，任由海浪沖刷。我已不知道，電視節目與我的記憶，這兩者哪一個柬埔寨才是真的？

陳妹妹或許能跟學校的朋友大方地說，她家的越南蝦醬河粉很讚，歡迎去吃。我想過向朋友炫耀我四歲那年去過的柬埔寨海灘，卻已經不確定那個地方到底是真的，還是我想像出來的場景。

後來，我買了課本自學廣東話，程度當然還不到像小女孩一樣，能夠在忙碌的小吃店裡據地一方，然而日常談話已經無礙。有天跟我媽去了間標榜正宗香港師傅的港式飲茶吃飯，我研究菜單，發現沒有蝦餃。怎麼一間標榜正宗的港式飲茶餐廳，卻連最經典的蝦餃都沒有？於是我們問了服務生，難道沒賣蝦餃嗎？服務生進廚房問了「正宗香港師傅」後，回來指著我鮮蝦餛飩麵裡的鮮蝦餛飩說：「他們說這就是蝦餃。」

「他講尼個就嗨蝦餃！？」我媽就跟港片裡的大嬸一樣浮誇地說。

找回我失去的名字

我的廣東話名字

跟不少台灣小孩一樣，我的名字是拿生辰八字給算命師取的。至今家裡還留著當初算命師寫給我們的命名紅紙，上面除了有我的生辰八字，還有九個字。我的阿嬤、爸爸和姑姑們集結全家族的智慧，決定挑出「育」、「瑄」二字，給我取名叫劉育瑄。

四、五歲的時候，我還沒上幼稚園，週一到週六白天父母都去上班，只剩家裡的阿嬤帶我。有天阿嬤查字典給我看，「育」是教育、培養；「瑄」是古代祭天用的六寸大璧玉。當初選這名字是希望以後我能成為跟「瑄」一樣有價值的人，希望我能成才。

我們家族一向疼女兒，雖然我的名字裡的「瑄」通常是男生用的，但女生難道不能成材嗎？確認台語唸起來沒問題後，我的名字就拍板定案。

但重點來了，沒有人想過要用我媽的主要母語──廣東話，確認我的名字唸起來有沒有問題。我媽大概因為時值坐月子，昏了頭，當時也沒想到。以致我一個月大，媽媽帶我回柬埔寨的時候，親戚輪流抱著我說：「我們家漂亮的小女兒叫什麼名字呢？我們幫她翻譯一個廣東話名字！」

「劉唸 Làuh，育唸 Yuhk，瑄呢，唸 Syūn。我們的小女兒叫做『Làuh - Yuhk- Syūn』啊……糟糕，怎麼唸起來跟『肉酸』一樣呢？」親戚們的臉瞬間垮下來。因為「肉酸」在廣東話有非常糟糕的意思，它是一個形容詞，形容醜陋、噁心、或者醜到讓人覺得噁心。

我的廣州損友圓圓說：「這百分之百廣東話母語者都知道好嘛！」

所以我這學期很認真去認識香港同學，每次我都得講這個故事給他們笑一笑。聽到我說廣東話，驚訝得掉下巴的香港同學：「你唔係台灣人咩？仲咩你識講廣東話？係唔係喺香港讀過書啊？」（你不是台灣人嗎？為什麼你會說廣東話？是不是在香港讀過書呀？）

「我是台灣人、沒在香港讀過書、我自學的。你好，我叫劉育瑄。對，用國語叫我育瑄就好，千萬不要用廣東話唸！」

對方就會一定會愣一下，在心裡唸一遍，接著噗哧笑出來。

我媽的名字

我媽的廣東話名字本是「關寶卿」，來台灣之後因為翻譯錯誤，竟成了「官謝興」，三個字都不一樣，連姓都改了！

我的柬埔寨舅舅知道之後非常生氣，他覺得連姓的寫法都不一樣，會不會以後媽媽就不認他為哥哥了。當時我媽跟我阿嬤還有爸爸說想改，但他們聽說嫁過來的人，如果當初政府翻譯錯誤的話，要改姓名很麻煩又花錢，我媽聽完只好作罷。

媽媽小時候因為柬埔寨戰亂，外公外婆在她五歲的時候就過世了，她當時還小，所以對爸媽的印象也很模糊。後來因為戰爭失學，我媽也沒有機會上學，不過她一直記得她的名字「bóu hīng」的中文字得用「寶」、「卿」兩個字。

她對於自己名字的記憶，是她所存無幾，爸媽留給她的東西。

後來或許是趁結婚期滿四年，領身分證的機會把名字改了。不知怎的，戶政事務所的人說名字能改回來，姓不行，最後「官寶卿」這個名字就死死的跟著我媽。

我說，從「關寶卿」到「官謝興」，最後是「官寶卿」，蠻荒謬的。

我小時候的名字

我一直很喜歡我的名字「劉育瑄」，就算知道它在廣東話聽起來有多糟糕之後，我還是很喜歡。這可能是因為小時候我很少被正確的叫這個名字，所以現在我很珍惜別人願意好好地叫我名字的時候。

首先，我爸媽連自己給我取的名字都念不標準，到現在他們還是「劉一仙」、「劉一仙」，都快把我叫成什麼修行很高的師公。更糟的是，自從他們學會用 Line 語音輸入跟我聊天以來，每次我打開手機都能看到通知：劉一仙有沒有吃飯？

還沒呢，快把供品給我送上來，師公我餓了。

國小的時候，同學、老師跟同學家長，很常叫我「那個考第一名的」；或者再誇張一點：「那個她媽不是台灣人的」、「那個她爸殘障的」。

本來國中跟高中去台中上私立學校，好一些了，彰化的鄉親父老只是喊我「那個去台中讀書的」、「那個曉明女中的」，我還能接受。

等到我確定能去美國上大學，又進一步升級：「那個去美國的啦」、「以後要賺很多給爸媽蓋房子那個吼」、「以後的美國媳婦」、「哎唷獨生女還跑那麼遠把爸媽丟下的」……

實在是……我們作為人，就這麼喜歡給人貼標籤到，寧願放著簡單「劉育瑄」三個字不叫嗎？

更別說從小英文老師給我取的什麼 Monica 跟 Ann 這些隨便從課本挑出來的名字。還有，如果有想在屈臣氏打工的話，請做好他們會逼你取一個英文名字的心理準備。

在美國，我就叫育瑄

在美國的大學裡，通常學生都可以取個 Prefered Name，就是你想要被叫的名字。一旦在學生帳戶裡改了，所有校內文件、課堂名單上，都會是這個名字，只有畢業證書之類的對外文件上會是你的本名。

有的美國同學習慣用自己的中間名，比如說 Alexander 想被叫 Alex；或是有人在校外出書或在劇場表演已久，已經有自己習慣的筆名或藝名；有人有自己一輩子被叫已經習慣的綽號、或者國際學生為了省事想用英文名字；當然還有為了跨性別的同學著想，如果你是生理男，但想用一個女孩的名字，當然可以。這樣就不用每次上課被點名的時候，就會被一個不真正屬於自己的名字再度傷害一次。

你想叫什麼 Preferred name 都可以（只要不是髒話或仇視言論），重點是，你想被什麼稱呼，完全可以由自己決定！我的護照名字是 Yu-Hsuan，因為我懶，Preferred name 我就填 Yuhsuan，省兩筆筆畫。反正美國人唸得出我的名字，反正教授就算唸錯了，也會抱著歉意地說：「再教我一遍怎麼唸你的名字好嗎？」

在學校餐廳打工的時候，曾有過廚師問過我，幹嘛不跟 Yuki（一個北京女孩）一樣，取一個簡單的名字就好，方便大家好叫，我一時不知道怎麼回答。但是在大部份的情況下，我周遭的人都相信只要一個人夠重視你，那他們會願意學著說出「你的名字」，如果不在乎的話，你叫 Catherine 還是 Caitlin 也記不清楚。

像是，我聽說過許多台灣雇主，為了方便就隨便給外籍移工任意取名字，比如說：阿山、阿雅、Mary……等。一篇入圍過移民工文學獎的文章裡，作者就提到她的名字 Maria，其實是仲介為了方便台灣老闆，幫她取的。

這一切都很荒謬，我就叫育瑄。至於別人想叫我什麼，隨他們吧。

輯二

新二代在台灣的內心衝突

身為在台灣的新二代，我感到很害怕

如果台灣是一個擁抱多元文化的社會，我可以用稀鬆平常的語氣，告訴大家我媽是廣東裔的柬埔寨人。我會在出生之後就打上耳洞，戴上媽媽精心為我挑選的耳環。在家裡跟外面，我會和媽媽用流利的廣東話和柬埔寨語交談，大家的反應會像聽見街邊的阿伯阿嬤說台語一樣自然。我不用在聽見「那些人都是來騙錢的外籍新娘」和「死外勞搶我們工作還逃跑」之類的批評時，靜靜地不敢說話，心裡卻擔心什麼時候會輪到我？什麼時候輪到我被完全不了解我的人，用他們自己訂出來的標準，無情地評判？

台灣不是一個對移民友善的地方。以前，我不敢說我是新二代，因為從小到大我聽過不知道幾次「那些嫁過來的『外籍新娘』都是為了錢來的。也不好好留在家裡做家事，整天只想跑出去賺錢，然後把錢通通寄回家，也不顧台灣這邊的死活。沒有一個是好東西。」

如果我說我是新二代，會有人認為，我有一個把婚姻當成交易而且沒有家庭責任感的媽媽，而我只是這場交易的一個副產品。

對！我媽會想著要寄錢給柬埔寨的家。在金邊，她還剩一個在兒時戰亂中相依為命的大哥。我覺得她寄錢給「考扶」（粵語「舅父」）家合情合理。還有，我更不是一場金錢交易的副產品。婚姻是一種社會制度，之所以被許多人選擇，是因為能帶來某些好處。比如說，獲得人們對已婚者的信任感，同時迴避掉不婚者可能遭受到的歧視；伴侶發生重大意外時，醫院探視權和簽署急救相關文件的權利；離婚時能擁有財產保障；甚至還有能「正當」生養孩子的權利……。如果說只有建築在「純粹的愛」之上的婚姻才是高尚的婚姻，外籍配偶為了追求更好生活的婚姻是可恥的。那麼，那些為了得到結婚種種好處的婚姻，為了逃避不婚壓力和為了性而結合的婚姻，不就都成為

「不高尚」的婚姻嗎？

況且，我媽媽並不只是為了經濟因素而結婚。二十多歲的她受夠了柬埔寨政府的貪腐和無能，覺得繼續生活在那塊傷心地的未來沒有希望。她的家庭對於婚姻的觀念比較傳統，認為不一定要先相愛才能結婚，只要對方信實可靠，做人踏實，或許就能一起生活。再加上當時的她有著晚婚的危機，於是她去了國際婚姻介紹所，經過幾次相親，她選中我爸：「我那時候是看你阿嬤跟姑姑都陪你爸去，覺得比較值得信任，才敢答應。」

是的，我媽的婚姻不符合目前社會主流對婚姻的浪漫想像，但這並不代表，不了解她生命故事的人就有資格評斷我們存在的好壞。我不是一個「不是好東西的女人」的孩子，而是她心愛的女兒。她在懷孕時，去廟裡求神虔誠祈禱希望懷的是女兒，還願時她還真得吃了一年初一、十五的素。我媽說：「我每天早上上班是賺來買菜的，下午是付帳單的，晚上加班三小時是要給劉育瑄唸書的。」我的媽媽她是這樣一位努力生活的人。

我還害怕自己身體裡流著的血。因為那不但抹殺我在成功背後所付出的努力，還讓我的失敗顯得像是注定。上小學前，我媽對我說：「妹妹，你要認真，不然人家會說，難怪，她是『柬埔寨的』的女兒。」所以，小時候的我很努力，因為我不想讓爸媽背上「養壞了一個台灣人小孩」的罪名。現在，我靠自己的努力學好英文、拿了獎學金去美國讀大學，並自學廣東話到可以大致理解電影的程度時，人們卻說：「原本就是這樣啊！混血的都比較聰明。」以血統為標準來評斷一個人，除了讓我和其他的新二代對自己的存在感到困惑及恐懼，沒有其他意義。

最後，我想說，我不只因為自己身為新二代而感覺害怕，同時也因為身為一個台灣人而恐懼。當我們對自己不了解的人事物妄下評斷的時候，會造成傷害，而這個傷害可能沒有底限。你怎麼能知道戴耳環的小女孩是壞孩子，而不是因為她媽媽的文化傳統穿了耳洞呢？你怎麼能知道一個坐在路邊衣衫襤褸的人是「好手好腳不去找頭路」，而不是有他的苦衷無法過上安穩舒適的生活？

我們又怎麼知道，除了新二代之外，還有多少人在我們的身旁害怕？

會種族歧視的人，也很可能會歧視女性、LGBT，更有可能同時歧視窮人和精神疾病患者。因為這些歧視，有個共同的根源：將與自己不同的人事物貼上標籤後予以貶低。生活在這樣子的社會，難道我們不害怕嗎？

我對於台灣這塊土地的期待，是所有的人都能活得像個人，並無論在什麼方面與人不同，都能感到安全。

新二代為什麼不敢讓人知道？從偏見開始

我所認識的新二代，或是我朋友們認識的新二代，大多有個共通點：不知道該如何與自己新二代的身份相處，甚至直到今天仍無法平靜的將「自己是新二代」這件事說出口。

他們的經驗大多跟小時候的我一樣，長大的過程中，努力活得很「台灣」。明明自己覺得媽媽是外國人這件事沒什麼好丟臉，但似乎成長過程中，老師、同學家長和媒體一直重複暗示自己：這是你成長的污點，你必須活得很台灣、很優秀，才能使這個污點的顏色淡去。

當人們聽到我的媽媽是柬埔寨人之後，臉上表情會瞬間垮下來。他們會非常慌亂尷尬，好像自己問了一個不該問的問題。接著試圖挽回情況：「可是沒關係啦，你看就算你來自這樣的家庭，你還是很優秀聰明啊！」

然而，這些試圖挽回的話，對當時還是孩子的我來說，不是讚美而是一種血淋淋的殘酷。

悲劇是由無心的大人傳給下一代

有次我受邀去演講，分享作為新二代的成長經驗。一位大哥舉手問：從幾歲開始，你開始覺得「新二代」這個身份是件負面的事？人家說童言無忌，會不會有一起玩的小朋友排擠你的狀況？

對我來說，是從我的國小三年級班導開始。

學校同學排擠的狀況，我自己沒有經歷過。而我的越南新二代朋友千萍的經驗，是同學到國中年紀，也就是被社會影響夠深之後，才會開始互相開這些玩笑：

「欸！你以後娶不到老婆就去越南買一個啦」

「你那麼黑以後找不到工作，可以直接在台灣當菲傭」。

而這些同學對新移民或新二代的印象從哪裡學來的？師長。

我國小三四年級的班導是個奇葩。開學才沒幾天，她就突然提到柬埔寨，我本來很興奮，因為除了媽媽親戚跟台灣旅遊節目以外，生活中我從來沒有聽到有人談到柬埔寨過。當我正那麼想時，班導她就說：「我去過柬埔寨，總之也沒有想像中的那麼落後嘛！」

而我後來認為她很奇葩的理由是，當時我是班上唯一一個要做「三」份掃地工作的學生。小學二十分鐘的掃地時間裡，我得擦半個走廊的窗戶、掃走廊，還有洗班上的公用抹布。有一次我貪玩沒做完（小朋友嘛，都想要超快做完，結束後就可以跑去遊樂場跟同學玩紅綠燈，雖然主任會一直廣播說打掃時間不是給你玩樂的）。

下一節自然課上到一半時，她在自然老師和全班上課中，把我叫到走廊。用塑膠畚斗上的握把，聲音響亮的大力打了我幾下手心。當時的我覺得只是聲音響，不痛，還微微偷笑，回看當時教室裡看著我的全班同學。

在這件事之前我是個沒有闖過禍，聽話的乖學生。我怎麼看都覺得班上另外兩個總是闖禍的男生，比我更值得老師擔心與關注。（不過，我也覺得國小三年級的小朋友是能夠多壞？只是調皮而已。實在不能理解，為何有些人看他們像是沒有希望的壞孩子。）

幾年後，我在公寓大樓的另一個媽媽口中聽到，當年那位老師跟她提過我，對我讚賞有加，只是班導覺得我要多磨練才行。

讓我一個人做三份掃地工作，把我在全班面前叫出來打，這算哪門子的磨練？全班三十幾個同學，她覺得我最優秀，但是我最需要磨練？

是不是因為我成績好，老師覺得我很優秀需要磨練？可是有一個男生成績總比我更好，他是永遠的第一名。是不是因為我上課有時候會分心傳紙條？可是好幾個女孩跟我一樣，上課都會偷偷傳紙條。是不是我爸媽都是工人，覺得我需要磨練？拜託那是彰化，再怎麼說也都有同學的爸媽都不是中產階級吧！

是不是因為我是新二代？但班上還有一個女孩子的媽媽是中國人呀。國中那幾年，我想了很久。最後我想到了上小學前一天，我媽告訴我的話：「你要努力，不然人家會說，難怪劉育瑄這麼笨，她媽是柬埔寨的，她爸是殘障。」

於是，十五歲的我決定了，或許那位老師就跟其他師長一樣，覺得成績優秀的我成長在不是台灣人的媽媽，跟騎著四輪摩托車的爸爸家庭裡，很可惜，需要多磨練吧？

現在想起來，我當然再不生氣了。只是擔心，雖然事情已經過去十年了，會不會還是有新二代的小孩子、甚至台灣小孩，在公立小學裡因為自己無法改變的家庭背景，受到同樣的對待呢？

孩子有兩種：被大人另眼對待的孩子，和看著大人如此對待別人，卻無能出來制止的孩子。

針對新二代的活動該怎麼辦才好？

國小時，我的五六年級班導在沒有問過我的情況下，幫我報名了一個學校中午午休時段的輔導計畫。學校竟然命令班導幫班上的新二代、身心障礙子女、單親家庭孩子、資源班孩子們通通報名，犧牲孩子珍貴的午睡時間，把我們集中到一個教室，「陪」我們做勞作、唱歌。對當時還是孩子的我來說，學校這樣的舉動就是在告訴我：「我們來給你們這些沒有愛的孩子一些愛吧！」

去過幾次之後，我推託說我想睡覺就退出了。

我覺得這種形式的活動，如果是考慮到這些孩子可能家裡經濟情況沒有辦法提供小孩上才藝班，或者爸媽因為工作忙碌無法陪伴。那麼學校提供真正優質的課後活動，才是一個比較好的方式。可以是針對「新二代」，但不限制有新二代血緣的孩子才能報名；或者不針對新二代，但利用這個機會，提供孩子提倡多元文化的概念。

當學校和老師把針對新二代的課後活動形容成好像「很可憐的學生」才去的活動。隨意找幾位根本沒有多元文化和兒童心理學專業背景的老師，帶小孩子做勞作、唱五月天的「天使」……這種不只無聊、還帶著一種莫名自豪救世主心態的活動，不要說新二代學生，連一般學生都不想去。為什麼學校老師要先入為主認為我很可憐，再強迫我去參加，他認為可以給「我缺少的」愛的活動？

如果這個新二代主題活動，是一個高品質的課輔活動。無論種族，對每個孩子都很有價值跟吸引力。才能起到想要培力「新二代」，和甚至沒有東南亞血統的「前進東南亞人才」的作用，才真正能讓人理解多元文化的價值。

我的想像，這個社團可以教印尼傳統打擊音樂「甘美朗」，不僅讓各個社經背景的學生都有機會學習音樂，也能給學生、家長、甚至社會說：音樂沒有高低之分，不是古典樂、國樂都值得學習，讓孩子喜歡。

就像我正在就讀的美國大學一樣，最熱門的課，竟然是西非舞蹈課！台灣人第一直覺會是「哈哈哈，誰要學非洲舞蹈？」但同樣有缺乏世界觀問題的美國同學們，這時卻這麼想：「那門課的教授是個很棒的舞蹈大師！」「媒體總是只告訴我們非洲很貧窮，但我想知道在非洲人們怎麼用跳舞表達情感！」「我啥都不懂，我只是聽我朋友說那堂課會讓你上完很開心！」或甚至說：「我學了一輩子芭蕾這種社會覺得高尚的舞蹈，我上學期上了南印度舞蹈後，驚為天人。覺得我一定不能停止去學我從來沒想過的舞蹈！」

你可能會說，學了西非舞之後能幹嘛？同樣的問題可以問一個一輩子只會開車的大老闆，學騎摩托車要幹嘛？他可以在放假的時候，騎車去陽明山看日出，享受騎摩托車的風與自由。不是說一定能多賺點錢，但他的人生會比其他不會騎摩托車的大老闆，再有趣一點點。當他以後開車，遇到在車陣裡鑽來鑽去的機車騎士，也會多一點溫柔。（謝謝我所敬重的作家褚士瑩在書裡啟發了十四歲的我）

就算一輩子不離開台灣，也不交國外的朋友。多元文化的價值就在於，當你成為一個溫柔善待別人的人，並享受著多一點的樂趣，你會開心一點。因為未來就算你無法在符合社會主流價值生活，你也能過得安心，因為不會有人另眼看你，也能遇到能體會你的生活方式樂趣的好友。

若活動是針對弱勢學生的課後輔導，那學校就得確保不會散發出「那是功課不好的壞孩子」才要去的地方；而是讓大家知道，那是在上課時間不足夠但有心想學好的孩子可以利用的良好資源。老師除了教好功課的能力，還得引導同學們分享。如果下課後要打工分擔家計，那些學生如何利用僅剩的一點時間跟精力，高效率照顧好學校課業？如果能有相似背景，年紀大一點的同學分享自己的經驗來教這些學生，那更好！

學校和老師對於形塑孩子、甚至家長的價值觀有很大的影響。

學校若能為各個群體的學生營造安全的環境，也能避免未來不少社會衝突。

希望有一天，新二代的學生不用害怕說自己有個外國的父母，也不需要特意感到驕傲，而能很正常的隨意提到：「我和我媽回越南的時候……」。

韓國瑜的「雞與鳳凰論」錯在哪？

「鳳凰與雞」言論將給每個台灣人帶來傷害

當前高雄市長韓國瑜欲競選總統時，我人雖然在美國上學，也同時關注著台灣社會與政治情勢的變化。我原本可以保持距離，繼續專注在我台灣國際學生的身份讀書。

不過，當時我在上一堂課，「海外華人文學」。在課中，我們透過讀台灣、香港、馬來西亞和新加坡的文學作品，討論種族和身份認同的問題。班上同學除了這幾個國家的學生之外，還有在新加坡長大的印度華人混血同學、有著台灣高雄媽媽的美國女生，以及泰國華裔同學。

我的學校同學很多人都相當關注社會議題，這堂課的同學更不例外。總問我：「育瑄，你擔不擔心這次的選舉？聽說國民黨推出了一個如川普般民粹傾向總統候選人，靠分裂台灣社會來贏得選票。」旁邊台裔美國女生也湊過來，說她已經費盡三寸不爛之舌，說服她來自高雄的媽媽，今年寒假飛回台灣投票。

我才了解到這件事情，並不是我關上眼睛，不在乎我身為台灣新二代的尊嚴，我就能置身事外。我要說話，因為作為一個台灣青年，我想守護我相信的台灣價值。那份對我課堂上的同學跟朋友們，是世界各地長大的華人所認可的那份台灣價值——台灣這塊土地的最高宗旨，「人性尊嚴」，是為了讓這土地上的每一個人，都能用他們自己熱愛的生活方式，活得像個人。

當時我一個在海外求學的台灣年輕人，選擇不逃避，寫下這篇文章給韓國瑜先生。

韓國瑜市長您好：

我叫劉育瑄，我是一位台灣新二代，有一個來自柬埔寨的母親；我同時也是您口中所謂的「鳳凰」，拿了獎學金正在美國大學主修社會研究。距離您發表「鳳凰與雞」的言論，至今已四週了。我還記得您暗示我媽的群體—東南亞女子—為來台灣「賣淫的雞」。您所沒有意識到的是，您的言論除了給新移民群體帶來傷害，也將對所有台灣人所信奉的尊重不同族群、感謝勞工貢獻與性別平等……等價值造成威脅。

若您期待在台灣的新移民群體會閉嘴不吭聲，並且會隨著時間您所造成的傷害就會沉默下去，這不可能。我先是台灣人，才是新二代。既然您這番言論將影響所有台灣人，作為一個台灣青年，我不能不發聲來替你涉及歧視的新移民、勞工、和女性這三個群體進行辯解。

二〇一九年八月廿九日，當您與國政顧問團進行直播，談論台灣人才流失問題時，說出「人才一直流出去，只有勞動力進來。鳳凰都飛走了，進來一堆雞。」被社會大眾質疑您是否歧視東南亞移工，稱他們為低「鳳凰」一等的「雞」？您拒絕承認錯誤也拒絕道歉。您說所謂的雞，指的是那些偷跑來台灣打工的非法外勞，或是那些來台灣賣淫的東南亞女子。

或許如此解釋，您以為能把大眾的注意力引到「非法勞工」的歧視與刻板印象，就能像沒發生過一樣。但我必須告訴您，這是不可能的！因為您的言論，可能對所有台灣人造成巨大的威脅，強化、複製了社會對新移民群體、藍領勞工和女性的歧視與刻板印象。從我的成長經驗，感受到您的言論一共包含了多重歧視。

首先，您的言論歧視了所有為台灣社會貢獻的底層勞工

無論國籍，對您而言那些做辛苦工作的勞工，就是低人一等的群

體。您不是宣稱立志成為庶民總統嗎？您當選第一天夜宿高雄果菜市場，凌晨三點起床巡視時您所看見的，您都忘了嗎？不用我說，您應該最清楚知道這些社會底層勞工，才是真正支撐著台灣社會的動力。

沒有他們，誰能像我媽一樣在勞動條件差的工廠，做每天工作十一小時，日薪僅一千一百元的工作（算上加班費時薪平均只有一〇三元）

沒有他們，誰在路邊擺攤，給您煮最喜歡的滷肉飯？誰支撐您的高雄庶民美食風潮？

沒有他們，誰在二十四小時便利商店打工，時薪一五〇元卻什麼事情都要做，還得隨時接受公司輪調？

沒有他們，台灣沒有能力外移，也不願提升企業競爭力的中小型工廠，如何能像現在繼續賺錢？

再說，之所以產生「逃跑外勞」的問題，是因為台灣擁有非常苛刻的「移工法」。若要前來台灣工作，只能通過仲介介紹，仲介每次抽取六萬到十八萬台幣的仲介費，移工到台灣之後還常常面臨真正要做的事與合約簽訂的內容完全不同，但我們的法律卻還禁止他們可以自由更換老闆、尋找更好的工作！

若是台灣政府規定台灣年輕人要找工作就得先交可能高達十八萬台幣的保證金，即使老闆再怎麼惡劣，都必須做到合約到期不能換工作，您捨得讓你的寶貝女兒接受這種條件的工作嗎？

到底是移工喜歡犯法，還是我們逼得他們別無選擇？

您的言論也歧視了女性

您覺得若對方都是來台灣從事性工作的東南亞女子，我們就有權利把他們看低一等，看作「雞」，而不視為人。

為什麼會有人來台灣從性工作，不正是因為有這個市場嗎？都什麼年代了，難道我們仍像過去法律的「罰娼不罰嫖」一樣，還在用道德譴責這些從事性工作的女性！

您是否想過，為何有人明知這是一個被台灣社會貶低的職業，仍要做？是因為生活該有多苦？又或者，就算她們就是不在乎道德譴責，而只想賺快錢的人，台灣社會上又何苦不是很多這種人？

那些在求職網上刊出：

「法定月薪二三一〇〇元。

福利：加班費和勞健保。

工作內容：經營公司社交媒體、懂 Photoshop 圖片設計、書寫廣告文案、跑公司客戶業務」，這種期待一個年輕人抵四個專業人才用，還覺得自己能給出「超棒」福利的老闆，不也是不顧良心，只為賺錢的人嗎？

同樣的，您有老婆，有女兒。您能承受有人對她們說：你們台灣女生很多人都是來我們某國賣淫，這種話嗎？

辯解您只是歧視東南亞移工，無法抹滅你將給台灣人傷害的事實

或許您會說，他們不一樣，他們非法到我們國家打工、賣淫。他們來自窮困的國家、國語不好、有口音，他們是膚色黑、來自落後國家的「下等人」，跟我們台灣人不一樣。

這只會把事情弄得更糟，承認錯誤並道歉吧。

台灣歷史上曾經有個獨裁政黨，秘密的不經公開審判，處決了很多受日本教育的台灣知識份子，因為他們不是我們「中國人」，而是「日本的走狗」；歷史上，台語和其他方言人口，因省籍配額限制度，考不上公職，上不了好學校、甚至不能在電視螢幕上出現，因為他們的國語

說得不夠標準；我們也有一段很羞恥，建立於膚色、口音和種族歧視上，剝削壓迫原住民的不堪歷史；曾經女人得不到憲法和民法的保障：領不到遺產、單方面被判通姦罪、小孩不可隨自己姓；而現在，多少台灣底層勞工就如同我的父母，年紀不到五十，卻在日日夜夜的勞動裡熬出了一身病。一天用腳踩十一個小時的金屬沖床機台，大熱天廠房沒有冷氣、熱烘烘的廠房只有高分貝的機台、與放送熱風的大型工業電扇。午休時間只能在工廠的地板鋪紙箱午睡，而退休年齡遙遙無期，就算熬到了，勞保也頂多能給他們每個月微薄的退休金。

沒有分所謂「他們」跟「我們」，他們就是我們，我們就是他們。

為什麼我認為該為您的言論道歉呢？

道歉當然能帶來好處。得到好處的人，不是只有您一人，可能是您最重視的兩個群體：

一、**庶民與勞工**。

若我們將人分等級、把低階勞工視為「雞」，而非待以他們尊重，那台灣何以能打造對庶民勞工友善的工作環境？雇主何能轉換思想，不再認為自己遵守勞基法就已經對勞工非常好了？

若作為一個台灣人，因為自己是女性、是低階勞工、膚色和口音不一樣，就該遭受到歧視，那台灣人所信奉的中華民國憲法精神─人性尊嚴，又該何在？

二、**必須出走家鄉上台北、或出國打拼的青年**。

您想要台灣青年可以待在家鄉，不必北漂打拼。您卻忽視到，台灣有像我這樣的「鳳凰」，之所以出走我的家鄉彰化、甚至台灣，就是我受不了我的家人得被當作「雞」。

十二歲的時候我果斷離開彰化，獨自到台中私校求學。

因為在彰化的公立小學裡，老師讓我一個人做三份掃地工作，因為覺得我「這種家庭」出身的孩子需要磨練；每次當欣賞我的師長知道我是新二代，就會很驚訝於我的聰明伶俐，因為他們以為新二代的孩子就該很笨、說不好國語。

如果到台中的話，就不會有人認識我，知道我是誰家的孩子。十八歲的我離開台灣，到美國學習社會科學，除了我想看這個國家如何處理自己複雜的種族及階級問題，我還想著，到了美國，我就能簡簡單單當一個台灣學生。

在我現在的美國大學裡，我可以驕傲地說我爸是清潔工、我媽是五金工廠工人，而不會有人看不起我。教授和富有的同學們知道，他們應敬重並體諒勞動階層。

如果有同學因為口音或種族受到不平等對待，隨時可以向學校投訴／起訴同學或教授。

校園裡對於所有群體的保護都很積極，因為每個學生跟教授都知道，如果我們給了他人傷害任何一個群體的權利，那很快他就會有藉口傷害其他所有的群體。保護別人，就是為了有一天能保護自己。

假如今天我們能說從事性工作者的女性不是人，明天我們就可能說禿頭的男人不是真男人。

所以，為了您在乎的台灣，承認錯誤並道歉吧。

請不要給有心人武器，來歧視您最重視的勞工與庶民群體，也請不要逼走那些受不了自己家人被稱為「雞」的孩子。

我是新二代。我選擇用書寫保護家人與自己

談新二代書寫易犯的三個錯誤

我叫劉育瑄，是有柬埔寨廣東人母親的新二代，在彰化工人家庭長大的女兒。現在在美國就讀社會研究系大二。如果有人問我在做什麼，我會說我在寫一本由在台新二代的成長經驗為出發，評論台灣社會的書。

在我寫的〈新二代給韓國瑜市長的信：您的「鳳凰與雞」言論將給每個台灣人帶來傷害〉在獨立評論發表之後，我得到總編輯雲章的邀請成為獨評

專欄作家。之後兩個月間，我一篇文章都沒有上交給雲章。

我當然有我想寫的主題，但是兩個月間，不只是答應獨評的文章，還有我自己正在寫的書，我寫了又刪，刪了又寫。一下覺得引用資料不夠完整、一下又覺得是否以偏概全。最後的結果就是找我出書的責任編輯，冠龍實在看不下去，約我見面，談談我嚴重的拖稿問題。才有這篇文章，誠實地告訴大家新二代書寫有什麼給我帶來掙扎的三個易犯的錯誤。

第一個錯誤：我的書寫會開啟、還是斷了其他新二代未來發聲的路？

臺灣市面上目前還沒有由新二代書寫的、專門談新二代成長經驗的書。這個身份的族群認同也還在建構的階段。社會對於新二代的注意力從二十年前的「新二代學業表現普遍不佳」，在近幾年內有了一百八十度翻轉，聚焦在那些能講完美母語、成績優異、保送台大的優秀例子。但這些特例都不是我樂見的，那些介於兩個極端中間的大部分普通人呢？

他們在媒體的呈現中不見了。

我不希望我的書寫，讓社會覺得新二代就該像我一樣，有著一樣的成長經歷或觀點。而是希望在讀了我的文字之後，能覺得，新二代有很多種，劉育瑄只是其中一人。

台灣社會現在對於新移民和新二代議題有極大熱情，積極標榜自己就代表全部新二代，或許能博取不少目光。但我希望我的書寫會開啟、而不是斷了其他新二代未來發聲的路。

作為一個考慮把在非營利組織作為人生志業之一的我，很不喜歡對於「為某群體發聲」這種處於道德制高點的想法。覺得「我們」比較好，「他們」比較弱勢因此需要我們幫忙發聲，是無法從根源解決問題的，長期下去也不可行。比較好的方式應該是去看，如何讓傳統上沒有發聲能力的人，可以有天為自己說話。

今天我有能力書寫，也僅代表一個新二代。我的觀點和經驗。我希望其他新二代能開始知道，自己的故事也有價值被聽見，也開始說他們自己的故事。

另外，我也擔心我會把為了實質為了自己和家人的書寫，過度道德包裝，上升到爲新移民群體書寫的層次。

我發現如果關心的議題對自己沒有任何切身相關的話，那個人的動機可能很危險。

我的意思並不是關心血淚漁工議題的人就得住在港邊、有當漁夫的家人。如果你是一個在台北奮鬥領23K的年輕人，你看著被苛待的漁工同樣會捨不得，因為你有出門打拼求生存的經驗。或甚至你沒有這種經驗，但你的孩子有，那這個動機是很自然的。

像張正在《外婆家有事》書裡，說到有人問他：他一個台灣人，沒有新移民血緣或者親戚，為什麼要為新移民群體做那麼多事？他回：「我做的這些不是為了什麼偉大的理由，而是很自私的，想要住在一個我看得比較順眼、比較喜歡的台灣。」

我必須記得，自己書寫的出發點也並不是什麼偉大的理由，是為了我自己和爸媽。我想要透過書寫，給自己和家人帶來一些慰藉；希望透過書寫，能讓台灣向一個我爸媽有一天即使身邊沒有我，也可以有尊嚴的活著、不用因為自己的出身而害怕羞愧的地方更靠近。

一旦我把自己的書寫過度上升成爲新移民群體書寫的道德層次，我首先會掉入，急於給一個概括式的新移民故事，而限縮了人們對新移民群體的想像。

第二個錯誤：忘了故事本身的價值，急於用長篇大論為故事辯護。

再來，我會很容易過度著重在回應歧視，而忘了故事本身的價值，而急於用長篇大論來為故事辯護。

我有很多拖稿的理由，比如課業忙碌，比如在美國久了，不知道還能以在台新二代的身份說些什麼。但事實上最常發生的就是，我會同時進行好幾篇寫到一半的文章，讀一遍，一字也沒加就把文件關掉。

我不知道什麼該寫，什麼不該寫。

寫作是痛苦的、艱難的，要是我寫出來的讀者無法感到共鳴呢？

這樣寫會不會陷他人於不義？

當我想表現某個現象是社會結構的問題，而非新二代本身的問題，我是否有足夠的學術背景？

當我所聽到的口述史不合理，有斷層的時候，故事還有被聽的價值嗎？

顧慮的越多，就越下不了筆。於是我在開始寫文章前，列的大綱越來越仔細。這裡列三個論點、那裡找三個證據。查文獻、查學術論文，無限上綱。寫了又刪，刪了又寫，於是文章就難產了。

追根究底，我不是使命感太重，就是不相信我的故事的價值。

這很難，從小因為台灣社會直接的、暗示的歧視，為了保護自己不會被像我媽一樣被人無情評價、對待，我活成了一個完全台灣小孩的樣子，甚至有些過頭。我坐計程車時用台語跟司機說「時機歹歹」，在夜市買滷味誇老闆娘「夭壽，你女兒跟我一樣大？怎麼看起來這麼年輕！」

好像只要夠「台」，夠正常，我就可以完美融入人群裡，不被我無法改變的事情被人另眼看待，比如血緣、國籍，和口音。

所以要相信我想說的故事有價值，不需要長篇大論的論述，也有讀者喜歡看，每天就是一個內心的小戰場。

第三個錯誤：訴諸仇恨 vs 感動？強調差異 vs 共同經驗？

當初在跟編輯討論這本書的定位時，我們馬上有了歧見：當他問我這書主要想傳達什麼，我沒動腦馬上回：「他×的，有個叫劉育瑄的新二代就是成長得跟台灣小孩不一樣。」

他皺眉說書應該強調共同經驗和感受，而非差異。

我不解，會那麼回答，是因為我受夠了，當我想表達新二代的身份所附帶的歧視時，社會說「哪有，你們明明就跟大家一樣」。但在我想掙脫新二代身份的時候，這個標籤就死死地定在我身上，到了大家只知道我是新二代，而不在乎我叫什麼名字的地步。

編輯回答，今天這本書並不是一本介紹東南亞文化的書，而是一本台灣長大的新二代寫的書。是，強調文化差異會有它的吸引力，但是然後呢？當初我看到你的「作為台灣的新二代，我感到很害怕」，讓我最感動的地方是，我爸跟你媽說過一樣的話，「早上上班是買菜、下午上班是付帳單、每天晚上加班是給劉育瑄唸書」。可能我們成長經驗不完全相同，但是我們的父母原來都一樣，辛苦只為了孩子好，那種共同經驗很感動我。

我想想，沒錯，我真正想要的並不是有一天能為我新二代這麼不同的身份感到驕傲，而是有一天，當我說我媽是柬埔寨人的時候，大家的反應能跟聽到一個人說家裡是客家人一樣，覺得很平常。

我希望人們最多就像我總肖想可以跟我客家朋友去她阿婆（阿嬤）家吃

免費的飯，問我一句：「那你長大都有好吃的柬埔寨食物可以吃嗎？」

知道不一樣，所以好奇，但因為了解我也是在台灣長大的孩子，所以不至於大驚小怪。不驚訝於為何我聰明、不臆測我爸媽是否不是戀愛結婚、也不馬上聯想我來自低社經家庭的可能性。

最多就是一點點好奇，這樣就好了。

至於仇恨與感動，當下我沒有困難的同意了雖然訴諸仇恨很快、短時間很有效，但，以憤怒和仇恨來對抗歧視與偏見，又能走多遠？或許讀的人能同理我的憤怒，可是那些我真正想造成影響、傷害過我和家人的人呢？他們如果在意當初就不會那麼做了。

說是簡單，當我在寫〈給韓國瑜的信〉的時候，草稿中充滿憤怒，一項一項細數韓的不是。寫完之後，心情繃得很緊，並沒有比較放鬆，仍然很憤怒。

編輯很快看完給回覆：「最好對事不對人。」

我想他的意思是提醒當初我們說好的，訴諸那些共同經驗的感動。

我寫的時候有記住這一點，所以文中我指出，我先是個台灣年輕人，再來才是新二代。今天這件事很嚴重，因為背後透露出的其實是對底層勞工、女性、和與主流社會口音和族裔不同的人。如果台灣人覺得韓只是在說「逃跑外勞」跟「賣淫外配」跟我們有說什麼關係，下一次等輪到我們家人中的底層勞工跟女性被歧視的時候，我們就沒了能反駁的理由。

但是對事不對人？他未免也太看得起我了。二十年看著我爸媽的尊嚴因為他們無法改變的事情：階級、身障、國籍、口音，而被踐踏在他人的腳底下。我努力的活成台灣人的孩子，在我身上幾乎找不到我是我媽女兒的痕跡。為的就是能把自己在人群中藏得好，這些事就再也不會發生在我和家人的身上。

而為什麼當一樣的事情一再發生，我得用我所學到的、台灣人能理解的那種方式去禮貌述說？用那個為了保護自己和家人，所以活得完全沒有我媽文化痕跡的我所學到的那套去說台灣人能懂的故事，竟然成了我唯一能用的方法。

文章稍作修改，達到訴諸共同感動和對事不對人，我讀完之後竟感到一絲放鬆。

台灣人那半的我說：很好，這也是為了我寫的文章，能讓我珍惜的這塊土地變得更好。而不是只為了平息新二代那小部分的我的憤恨不平。

當我一心想著如何反擊新移民群體所受到的痛，就難免以仇恨回應。

我才知道訴諸共同經驗和感動不只是為了寫作效果，也能是為了求得我內心一個身份和解的平靜。

結語：寫出來之後，然後呢？

有天我在FB粉專的後台，收到了一位讀者的留言：傻孩子，別在台灣浪費那麼多時間，在美國找工作不容易。

我想先謝謝你的關心，是的，在美國繁忙的課業跟打工中抽出時間做新二代書寫，是很困難的。這也是為什麼我總是拖稿，本來預定二零一九年九月出版的書遲遲未完成。

但是這些書寫的出發點也並不是什麼偉大的理由，是自私地為了我自己和爸媽。就算有天我達到了世俗定義的成功：找到一份高薪工作，有社會地位，有房、有車、有權力，我也希望到時候，我不會需要靠這些才能得到人們的尊重；不需要有這些，才能免去人們對我的家庭的議論。就算我不說就不會有人知道，我是「外籍新娘」跟身障清潔工的孩子，我也不希望得靠隱藏這些，用世俗的成就來「換得」尊重。

就算我能做到，那我爸媽呢？或許到四五十歲，我才會願意結束漂泊，回到台灣，或著回到彰化，那個我長大的，步調緩慢卻有他的溫暖的小地方。我期待我的書寫，能讓我爸媽被當成一般人尊重和看待的機率，能更靠近百分之百。或許無意間，給沒念過書的體力活工人、新住民、甚至女人和移民的孩子帶來過傷害的人，有天讀到我的文字之後，能意識到他們的所作所為能有傷害人的力量。這或許我唯一能做的，溫柔的復仇吧。

也或者對我家人所來自的這些群體感到好奇的人，能發現，我們只是有著一樣情感的人。

我並不會不切實際的幻想著台灣能成為一個完全沒有歧視的地方、或者再也不會有其他新二代受到跟我相似的傷害。但是總得有個開始，我們才會開始有去想像未來的能力。

是的，在美國完全沒有人脈要找實習找工作很難；但相信自己說的故事，有被聽的價值也很難；要與自己的身份所帶來的痛苦和解也很難；和明擺著歧視「外籍新娘」和「死外勞」的人溝通更難……

知道什麼來說對我來說最容易嗎？是放棄跟怨恨。但我選了更難的，我選擇相信，我選擇希望。

我選擇用書寫，來給我自己和家人帶來一絲絲的欣慰和力量。

輯 三

跟媽媽回外婆家：高二的柬埔寨探親之旅

回柬埔寨記㈠：

我跟媽媽帶兩個電鍋、九件行李回柬埔寨

二〇一四年，我升高二的暑假，十六歲，跟我媽回柬埔寨兩個禮拜。再上一次回去，是十年前小學二年級的時候，為什麼隔了十年才回家？當然是因為經濟狀況不允許……

自從跟旅行社訂好機票之後，我媽每天都興奮得像明天要校外教學的小孩子，臉上都散發可怕的光芒跟笑容，不知道的人還以為她中邪了。開始每天進行各種要回娘家的準備：接受姐妹們的委託，帶東西回國、把整套從家樂福集點換的義大利餐盤、菜刀塞到行李裡，她還開始來回搜刮自己的化妝台，整理出所有有價值的珠寶首飾。我後來才知道，除了這些，她還去銀行

換了快一萬塊的美金現金（約臺幣三十萬）。

反覆秤重行李後，我媽最後忍痛把兩把菜刀和一個餐盤從家樂福義大利餐具組抽出來，因為她無法捨棄兩個電鍋中的任一個。仔細收好了姐妹們請她代為轉交的玉佩、現金，和一個阿姨想給剛出生的小姪女，寶寶大小的玉手環和卡片。一張需要代為探望的親人清單、住址和電話。

當時的我看著我媽忙進忙出準備，心裏沒有什麼特別的想法，想說只不過是陪我媽回家兩週，這有什麼困難。

事實證明我想的太簡單了，作為一個對媽媽國家完全不了解的新二代，去那邊生活兩週，會是件容易的事嗎？

機場——台灣

最後，我們的行李超重五公斤，年輕帥哥海關沒有罰我們錢，除了那天飛機很空以外，從他盯著我們兩個人，總共九件行李，裡面還有兩個電鍋的淺淺笑容，大概也能知道他放行的原因。

神經大條的我，一直到飛機飛到一半，往下看能看到呈現C形的東沙環礁群島時，才開始感到害怕。看著海上台灣的側面，我才意識到我要去的是一個我完全陌生的土地。我對於陌生的東沙環礁群島能一眼認出來，是因為曾經在地理課本上看過空拍圖。但是我連柬埔寨從飛機上看下去，土壤會是什麼顏色，都不知道。

慢慢的，我還是在不安中睡著了。直到我媽把我搖醒，因為華航的空姐用英文問她要吃什麼。

我在同是臺灣人的華航空姐前，翻譯成國語給我媽聽，空姐傻眼，急忙向我媽道歉：「不好意思，我不知道您也是台灣人。」並拿牛肉餐給我媽。

飛機在柬埔寨上空不斷往內陸飛行，卻遲遲沒有降落。柬埔寨的首都，金邊離海有一段距離，從飛機看出去，我們被四面的陸路環繞。柬埔寨的土，是紅色的。從飛機上看下去，是一片河川交織的、赭紅色的平原上，河水四處氾濫。我更加感到惴惴不安，我一輩子沒有離海這麼遠過。要是發生什麼事了，我要怎麼逃走？

在我台灣人的基因裡，覺得活下去的勇氣就是離海近，要是生活再怎麼過不下去，我也能跟祖先一樣，渡海尋找新的生機。但金邊離海邊那麼遠，我無法再用海來定錨我的不安。

機場——柬埔寨

柬埔寨給台灣人的簽證是落地簽。下飛機前，我媽告訴我，「到了柬埔寨，你盡量吼，不要講話。不然人家知道你是外國人，會給我們收很貴。」於是，我人生第一次，是我媽走向櫃檯替我們辦簽證，而不是我走向櫃檯替她辦事情。

而且，我是外國人？

第一次，我媽如同我一直以來的盼望，在我需要幫忙時，像個大人一樣幫我。但我怎麼也開心不起來。我感覺到的，只是一種從腳一路涼到後腦勺的恐懼。

櫃台上明明用英文寫著，非東協居民簽證一個人十五美金，但最後我媽竟替拿台灣護照的我們，拿到兩人共十美金的價格……我很驚訝，難道簽證還可以看你是老鄉、會說柬埔寨話就打折的嗎？

我不理解的事情還有，為什麼我跟媽媽出關的時候，她還給了海關一美金，說「拿去買杯咖啡吧！」（我猜的，我只聽到咖啡這個字）海關恭敬地回「arkoun」，表示感謝。他們有說有笑，年輕人很恭敬，一美金也不多，大概是小費，不是賄賂吧。

柬埔寨首都金邊的機場外，站著相隔十年不見的我媽和我二舅媽，我和我的柬埔寨二表哥，看著這兩個見到彼此卻說不出話的女人，在人群中抱著哭。

我當「外國人」的第一天

第一天的行程滿滿，媽媽的舊友、舊鄰居，聽聞她返鄉的消息之後從各地遠道而來拜訪，一個小時，又一個小時，廣東話的興奮聊天就這麼過去。一個大叔揮著淚，說「寶卿，你要是下次還是隔十年才回來，我都要拿拐杖了！」

這一天，我發現街上的人們都盯著我看，我知道我成為當地人群中，膚色最白的一個人。但為什麼我跟我同事華僑的親戚們走在一起，當地人一看就知道我是那個國外長大的孩子？那天晚上，我在日記裡寫下：我突然成為了Minority（少數族群），感覺非常的糟。

而也在這一天內，我的媽媽變得很陌生。她神采飛揚、充滿自信。怎麼說呢，就像小時候我就變成她的母親一樣，為她到櫃台前辦事、告訴她攤販上的商品是在賣什麼、指著街上有趣的東西叫她看，她突然變回了我的母親，那個擁有比我多生活知識的人。

她大概是太久沒講廣東話太開心了，一講就收不回下巴。有時我實在忍受不了，就親親拉著她的袖子問，大家在說什麼，她竟只是用國語隨便敷衍我兩句，就轉回桌邊的談話。有幾次她甚至懶得為我轉回國語，直接用一句廣東話解釋打發我。

無論我到哪裡，親朋好友都驚訝我不會說廣東話，然後千叮嚀萬交代，出門到景點餐廳千萬別亂開口，要是被人知道這家有國外親戚，可是會被收費更貴。

我閉上嘴，看著街上的招牌，只要看到蜷曲的高棉文字下面的那行英文，就算翻譯得很爛，我也能感到一點點欣慰。我覺得這個內陸的城市的遠方是海，海的外面還有別的世界，一個我所長大的外面世界的證明。

晚上，我一人在床上，寫著日記，想著到金邊的十二小時裡所發生的所有事，想到了那些陌生的建築、陌生的街道、陌生的氣味。城市擁有的不同顏色、不同的車款、不同審美的招牌。親友們跟我媽的灑熱血敘舊、發現我不會說廣東話時的尷尬禮貌點頭、有時貼心替被晾在旁邊的我翻譯幾句話的表哥與表嫂。

高溫四十度的正午，路上裹著厚厚毛巾遮陽的摩托車當地男子、坐在表哥冷氣車子裡身體冰冷的我。

第一天的半夜，我一個人在房間，邊聽著樓下客廳媽媽跟親朋好友，仍沒有要停歇的熱情廣東話敘舊，電視開著英文的房屋翻修節目，昏昏沉沉睡著了。

睡著前我想到早上飛機在柬埔寨降落的時候，我們前排一個也是新二代小男生用國語說：「媽媽，我回到我的故鄉柬埔寨了！」

傻孩子，柬埔寨永遠都不可能會是我們的故鄉……

回柬埔寨記㈡：外婆家，到底是不是我家？

我錯過的十年

這次回柬埔寨，我高二，上一次是十年前，我才國小二年級。十年後，表哥們變了、長大了，金邊也與記憶中的不同了。只剩下舅舅的家跟湄公河畔皇宮前總被餵肥的鴿子們還一樣。

我的二表哥，二十五歲，剛結婚。他在銀行當某部門經理，才幹受老闆器重，本要把女兒嫁給他。他有骨氣，拒絕不要，娶自己喜歡的老婆，潮州柬埔寨人，上過大學也在銀行工作。

當今的柬埔寨，上過大學很了不起。大部分的年輕人，頂多讀到高中畢業，便開始工作，要是進了大公司，有潛力，老闆會出錢栽培回去念大學、甚至商學院、研究所。

三表哥，二十三歲，也進了銀行工作，靠自己努力，考了幾萬人選幾人的全額獎學金，邊在銀行上班，邊把大學學歷讀起來。至於小表哥只大我一歲，那年他十七，將要從高中畢業。

大部分的日子，我跟媽媽住在二表哥新買的房子裡，那是一大片在金邊市中心新蓋的房子，也是二表哥的老闆投資的。老闆除了經營銀行、保險，還搞房地產。二十五歲的表哥，在金邊簡直是一代翻身的感人故事，如今受老闆器重、有房、有車、有老婆，還有個將要出世的兒子。他上班時銀行還給他配司機。我之所以知道，是因為第二天早上，他就在上班出去跑客戶的中間跑回來帶我跟我媽去吃早餐。

司機是柬埔寨當地人，禮貌靦腆。我媽用高棉話跟他家常閒談，知道他二十七八，老家在農村，來首都當司機，一個月能有兩百美金，比在家種田好多了。不過家裡老母還是很擔心他「這把年紀」竟然還沒找老婆。我媽聽了對我使眼色笑了，她當年嫁給我爸的時候已經是「老太婆二十六歲」，很多姐妹還以為她要一輩子當老姑婆。

表哥突然轉成廣東話，跟我媽說（那時候我能聽懂一點），不要讓司機知道表哥年紀比他小，怕看不起他。我突然覺得好笑，要是他不說，難道別人看著他的臉在一堆銀行的高級幹部中，看不出他才二十幾嗎？

早餐店是一間柬式早餐店，表哥幫大家點了麵條跟黑咖啡。每桌上都有一個四格醬料架，上面有一大罐砂糖、一罐辣醬、一罐整條小辣椒、一罐帶蒜苗的油漬蒜頭。我問砂糖是不是加到咖啡的，表哥說不是，柬埔寨的黑咖啡意思是沒加奶，但是已經加超多糖了。砂糖罐是加在湯麵裡，因為本地人很喜歡吃甜的。我聽著下巴都要掉下來了，與我語言不通的司機哥哥就邊倒進砂糖，邊對我笑笑。

不只如此，到我表哥，已經是廣東人搬到柬埔寨的第三代，廣東話還會說，不過很多習慣已經與當地一樣。比如說，當時我身體虛在吃中藥調理，不能喝冰水，表哥完全不能理解，「不加冰的水要怎麼喝呢？」

柬埔寨（越南也是）喝飲料得先在杯子裡放一個高出杯子的冰柱，一杯可樂往往就能一桌人喝幾輪。要是冰融了，服務生會即時來換，因為想賺小費。

表哥吃火鍋也沒有蔥、沙茶醬拌生蛋黃，他很興奮得把三種不同辣醬一字排開，問：「育瑄你要哪種？」我想起路邊販賣灑上辣椒粉的芒果。

我在柬埔寨的親戚，除了我媽因戰爭失學以外，其他人都上過金邊從國小到高中包辦的中文學校。我表哥這代，或許因為經濟允許，也為了融入當地，他們都同時上兩所學校。上午上中文學校，下午上柬埔寨學校，都是教科目，不是語言。跟我年紀一樣大的小表哥說：不辛苦，辛苦的是數學要學兩次，柬埔寨老師教數學很囉唆。華人老師會說「一加一等於二，然後…」

柬埔寨老師會說：「我們可以看到這個一呢，加上這個一呢，會得到一個二」

在柬埔寨的那兩週，我從來沒有獨自一個人離開親戚超過兩公尺，至少會有一個表哥像保鑣一樣隨時看著我，並用他們除了在學校，幾乎用不到的國語跟我交談。他們的國語說得不錯（畢竟上課說了十二年），比起他們的國語，更生疏的是我們的感情。

我媽總對我說：你們台灣人很沒有感情。鄰居回家就關門，也不認識。你看劉育瑄，十年來根本沒跟舅舅講過幾次話。我們柬埔寨那邊不要說表妹、連跟姑姑都很親，常常講電話。

看到我媽的過去

有趣的是，我媽總說「我們廣東人」、說「柬埔寨那邊」，她從沒說過

「我們柬埔寨人」，也沒說過「我們廣東那邊」。她很清楚自己是個在柬埔寨出生長大的廣東人，雖然她一輩子也沒去過廣東。

有一天，她帶我到她在金邊的舊家，舊家非常的狹窄，只有一個房間大，兩層樓。木造的樓梯，一樓擺著一張涼席折疊床。她的年輕戰後動盪歲月，去過越南、去過柬埔寨鄉下帶孩子，家人也四散。最後他們還是找回幾個家人，回到金邊，便跟她哥哥、嫂嫂一起住在那個小小房子裡。

我媽說：你看你媽以前住在這裡，這裡夏天的時候睡覺，非常的涼。

媽媽跟舅舅舅媽的老房子在巷子裡。突然之間，我媽直接走進鄰居的後門，我有點驚訝。才知道原來老媽以前的潮州人鄰居還住在那裡。在金邊，華人之間若不是同一個小分支，就會用柬埔寨語交談，雖然大多上過中文學校，但講柬埔寨話總是比國語親切熟練。

我聽著聽著，覺得鄰居家的爺爺奶奶說的潮州話，跟台語有點像。我媽說：「潮州話跟台語很像，吃飯都是『食飯（tsiah-png）』，你媽以前常去聊天就學一點，所以到台灣後學台語很快。」我的天！她已經會講廣、柬、越、中、台五種語言了，不要告訴我她還會潮州話……

在柬埔寨住到第二個禮拜，不只我，連我媽都開始不太適應。雖然柬埔寨的溫暖人情、街邊小吃令她非常想念，她也開始有點厭煩，無論買什麼都得來回殺價四五次（商人會把價錢定很高等著被殺價）、做什麼事情都得給小費（與賄賂僅有一線之隔）、路上的大坑大洞，都把她看成正在國外生活的富婆。她仍能跟路上的食物小販閒話家常，但她已經不知道足夠的風土人情讓她能聊得像她在台灣市場跟豬肉老闆聊天同樣開心。吃到家鄉菜當然很開心，但回柬埔寨幾乎是文盲跟路痴的她也有點苦不堪言。柬埔寨文她小時候當然會認，但二三十年過去，能記得怎麼說就很不錯了。至於文字，完全看不懂。上餐廳點菜，都是我看著菜單上的英文，翻譯成國語給我媽聽。

「還是台灣住習慣了，知道去哪裡買菜。考駕照就是考駕照，會騎車就能考過，考不過塞錢也沒用。你現在讓我搬回來，我也不知道怎麼生活。」

我媽感嘆。

「還是我們彰化好。」

那是我第一次注意到我媽談論台灣的時候，用了「我們」。

我在柬埔寨的每一天

探親之旅裡，每天的行程大同小異：親友來訪或去拜訪親友、家裡有空的人輪流陪我跟我媽出門買東西、玩耍或吃飯。每天我們去一個新的地方、吃飯、買洗衣機、電腦，拍照。看著我媽熱淚狂灑的十年重逢，看著親朋好友看著在台灣長大的我不會廣東話的失望神情。

有次假日，二表哥開車帶我們去海邊，玩水、吃海鮮。海邊賣飾品的小販更是神奇，前一分鐘我才看到他跟一個白人說簡單英文，當我走近，他便跟我講柬埔寨話。我試著用英文說，我只會說英文。他便很困惑地看著我，並說了一長串的柬埔寨話。他好似不理解，我看起來跟陪著我的表哥一樣是柬埔寨華人，像我這樣的長相，怎麼可能是個「外國人」？

十五天的探親之旅，第五天我開始拉肚子。這記錄比我爸好，我爸之前是第三天開始。每天我覺得自己像個隱藏的人，我是一個不能離開家人視線，完全沒用的「外國人孩子」。我是那個無法用廣東話回覆那個看到我媽、他的摯友長那麼大了高興到熱淚盈眶的孩子。我在公眾場合不能亂開口，會害計程車繞路、門票變貴。在那裡，水要喝有冰柱的，坐嘟嘟車要對半砍價，然後要假裝絕情走掉，嘟嘟車司機才會戴上安全帽發動引擎。別人敬我是在「富裕國家」長大的外國孩子，我只能回敬尷尬微笑。

到後來，我很想回台灣的家。我的日記開始變得潦草，兩週過去，我的二十四小時全被廣東話和一些柬埔寨話填滿，很偶爾、偶爾，才會有人想起我，近乎施捨般體貼我，跟我說兩句國語。於是，我的日記逐漸潦草，是因為我失去了自己習慣的語言，國語。回台灣之後，我竟有兩週無法正常說話。每當我開口想說話，我的腦袋把國語輸送到嘴邊以前，就會在中途消失。我的面部肌肉變得僵硬，無法準確地發出國語的發音。

後來，我才知道，我當時真正缺少的不是國語，不是從來沒機會學到的母語，廣東話，而是當時的我，沒有能談論我身為新移民二代的語言。

那是直到去美國留學以前，第一次體驗到一個異鄉人在遷移後，失去自己語言的恐懼。

回柬埔寨記㈢：回台灣，恍如隔世

又回到了機場

在拉肚子滿十天，也就是回柬埔寨滿十五天之後，我跟老媽回到台灣。機場內，老媽急著上廁所，我說行李怎麼辦，她大喊「放著就好，台灣不會有人拿走」，立即衝進廁所，瞬間不見人影。

我著急地看著被我們放在地上的行李。在金邊，已經成年的表哥出門都盡量不帶包包，若必要時，會用高中的側揹書包背著。「這樣才不會有人搶，覺得沒價值，學生的書包嘛。」才兩週，我在台灣長年建立起對人的信任就已經受到動搖。

應該說，我覺得那趟三小時的飛機，並沒有真的能把我整個人，包含魂魄都送回台灣。

機場裡，台灣人佔多數，我的視線所及瞬間被五官膚色長得像我的人包圍，衝擊很大。

在金邊，我總是路上膚色最白皙顯眼的人。柬埔寨的西方白人觀光客多，人們見怪不怪，倒是我，人們總不避諱地盯著我猛看。中國和日本觀光客都往車程六小時外的「暹粒」（Siem Reap）的吳哥窟去，首都金邊能遇見一個像我這種東亞長相、十六歲的孩子簡直是個奇景。

我不知道柬埔寨的人民，看著我媽再看看我，他們心裡怎麼想我這個「柬埔寨女人跟外國男人」生下的孩子。或許覺得我在有錢的國家長大、不懂當地風俗。我甚至也不知道他們怎麼看我媽，他們會覺得我媽衣錦還鄉？還是覺得她僅是為了虛榮遠嫁國外？

當時的我不理解，為何回到台灣，我失去在柬埔寨時受到的「特別關注」，卻讓我感到重新拾回存在感。三小時前，我不能開口，我是個「國外長大的孩子」、不懂當地風俗。三小時之後，回到了台灣，一個我懂得社會運作規則的地方。只要我開口，就能得到應有的尊重。

人們看我，只看得到我。

從外表、從我完美無瑕的台灣腔國語，沒人會知道我是移民的孩子。

改變

回台灣之後，我一直有個很強烈「恍如隔世」的感覺。我看到了我媽長大的城市，原來不是像台灣旅遊節目一樣，總是很貧窮、吃蟲、充滿紅色高棉時期的刑具。去柬埔寨之前，同學還問我，柬埔寨有電嗎？有天晚上吃飯，當家人在跟我介紹家裡一道道，我所不熟悉的家常菜時，表哥突然說：

「育瑄你這些不知道不重要，最重要的是，拍這盞燈回去台灣，告訴大家柬埔寨有電！」全家人暢懷大笑，只有我感到內疚。

這種小事情，就是讓我感到恍如隔世的時候。我看到了柬埔寨亮著的燈泡，但當我回來台灣，除了我跟我媽，沒人知道這段記憶。如果只有我知道，那顆餐桌上的燈泡還是真的存在過嗎？

十六歲的我，還不知道當時心裡的各種矛盾感受從何而來。不久後，我就下了兩個重大決心。

一是穿耳洞，就算會被當成壞孩子。

二是學廣東話，並在幾個月後的成年禮，在全班面前跟我媽說話。

我不懂我媽的文化，也不知道她從前怎麼長大。如果我只是回去一個跟我生長完全不同的地方兩週，回來之後的現實感就這麼模糊。那當時的她來了台灣十五年，這裡沒有一點她家鄉的痕跡，她該多孤單？她所疼愛的女兒，我身上也完全沒有她的樣子，她看著我的時候會不會想：如果只有我知道育瑄是我的女兒，當我告訴別人的時候，沒有證據、也沒人相信，那還是真的嗎？

所以我穿了耳洞，我想我可以把耳朵上小小的兩塊肉取下，換上能乘載我媽文化重量的耳環。我學廣東話。原因很多，不過當時的目標是希望除了在成年禮，我能在她生日的時候，用廣東話給他唱一首鍾嘉欣的〈最幸福的事〉。算是作為那些她唱給我聽過、我卻早已不記得的廣東話兒歌的回報吧。

我開始與我媽越來越靠近，雖然這只能帶給我與我媽兩人之間的開心，沒有真正解決問題。我仍不知道為什麼，我和媽媽會不斷在生活中感受到這種「恍如隔世」的感覺。

我想了解那些從小到大我無法理解的問題，我想知道為什麼從小當我爬上身障爸爸的四輪摩托車，我和爸爸兩個人覺得我們是登上戰車出征一樣，但是當同學與爸媽還有老師看到了，卻很尷尬得迴避眼神，不知道該跟我們說什麼？

我想知道為什麼美容院的阿姨，看著我和我媽長得不像，就問我我是不是被「怪阿姨」拐走？

我想知道到底為什麼？

後續行動：時代的轉捩點還沒到

二〇一四年七月從柬埔寨回台之後，因當年三月的太陽花學運剛結束，全台灣各種公民團體與議題組織，如雨後春筍般地崛起。我幾個關心社會議題的朋友，都紛紛加入了某種組織，他們在平日討論議題、撰寫不被學校批准的刊物。每到週五，就去聽演講，週末則在公園廣場等地方，舉辦工作坊，或者去旁聽土地拆遷的公聽會、或者去追蹤某個冤獄案件的最新審判。

我其實不完全知道他們做了什麼，只知道每天我這幾個朋友裡眼中都有光，因為他們在每天熱血做的事情裡，都看到了一點自己：對現實的不滿、對沒有力量為自己抗爭的人不捨，所以親自投入去做點什麼。

當時台灣社會對於我這群朋友有種說法，叫「憤青」。憤怒的青年，好像他們只是一群對社會沒有理由憤怒，把責任都怪罪到社會的青年。我不這麼覺得。或許我們已被訓練成，去忽略不公義的事情反而是容易的，放感情去難過、去憤怒，其實才不舒適。從對社會的問題完全無知不懂，到越接觸理解越多，就是一個拋棄無知的快樂、一趟有去無回的旅程。

我也想為新移民、跨國移工、和底層勞工做點什麼。我也想成為某個組織的一部份，在我做的工作裡，看到一點自己。

然而找不到。

當時，二〇一四年我在Facebook搜尋，幾乎找不到相關的社團。Google 搜尋相關的計劃，卻經常只有一些鼓勵新二代撰寫計畫書，申請經費實現夢想與自我的計畫。當時我對這種計畫很感冒，或許覺得莫名被當成弱勢，好像沒人幫助我就無法實現夢想。而且這種計畫的交換條件通常是得留下大量紀錄，讓贊助單位能有一個多元文化的成果可以呈現。

我開始找書，當時我找到的相關書籍也不多。有很不錯的書：張正的《外婆家有事》、藍佩嘉的《跨國灰姑娘》、四方報所出的講述東南亞外籍配偶的《離／我們的買賣，她們的一生》，和講述移工處境的《逃／我們的寶島，他們的牢》。這些書很好，讓我有很多知識上的增長。但是，這些幾乎都是由東南亞移民工的台灣人撰寫，頂多裡面有些翻譯移民、移工的口述。在這些書裡面，我找不到任何像我一樣新二代的痕跡。

因為我國高中在台中唸一所好的私立學校，我在現實生活中找不到其他新二代跟我談長大的經驗。連書裡也找不到，讓我感到十分氣餒。我只好開始往國外找，比如說看講述臺裔美國人故事的美劇《菜鳥新移民》(Fresh Off the Boat)。

總之，我做了當時我所能想到可以做的一切。表面上，我仍是一個在學校一週住校五天、穿著在台中受人景仰的制服的高中生。每天的生活裡，我問我媽所有我在越南料理店看到的陌生東西是什麼、學著沒有人在乎的廣東話。有時偷偷逃出宿舍，去台中的第一廣場坐著。看著天色漸漸變暗，看著坐在地上跟朋友聊天的移工們。然後想著：要是我的外表長得再像他們一點、口音再重一點，台灣人會怎麼對我？

我跟他們的差別，難道只是外表跟長相嗎？

在二〇一四年到二〇一六年之間，我在讀高中。每天早上七點三十分早自習開始以前。我總會站在走廊，讀著廣東話課本、翻著各個國家的移民工概況的學術論文。

這是當時我所能為自己的成長背景，所能做的全部事情。其他事，得等到我高中畢業後去美國，實際在不同的移民國家生活，學習社會學和政治等知識，開始在網路投稿文章，都是之後的事了。

輯四

改變中的台灣社會、改變中的我

敗部復活的東南亞菜(一)

二〇二〇年一月一日，我跟爸媽還有我國高中六年同學王同學走在台中第一廣場。四年前她幫了我大忙，她很酷地說不用謝她，大不了哪天帶她去一廣一探究竟，請她吃頓好吃的東南亞菜就好。

我們在三樓的「泰羅七七」吃完泰國菜後，在一樓建築外的走廊越南點心攤，買越南咖啡和綠色千層糕。我媽側著頭跟王同學說：「現在好了，以前剛來台灣想吃這些東西，怎麼想也沒有地方買。」她眼泛淚光笑著，吩咐老闆娘把一個超大的綠色千層糕切開分裝兩盒，一盒給王同學帶回去給爸媽吃。

據說那半塊綠色千層糕一帶回家，馬上就被王同學平常不嗜甜食的父母給瓜分殆盡。她媽媽兩天後又託她經過一廣時幫她買。她客家人的糕點胃，竟對那越南千層糕十分滿意。

二十年前我媽想吃家鄉的食物，真的很可憐。不過別擔心，這故事有個快樂結局。一九九七年，我媽剛來台灣時，要吃到家鄉食物對她來說很困難。她只能吃什麼都沾超市就能買到的泰式酸辣醬，配點自己種的生薄荷，過過牙癮。

如果想吃越南春捲，就得在有認識的人回越南的時候，託人帶回越南春捲餅皮。以前是這樣，嫁過來的姐妹們有人要回國時，就會幫忙帶東西。有時候是幫忙帶珠寶首飾、甚至美金現金紅包，回去給家人，有時候是幫帶家鄉的食物過來。一切全靠信任與默契。

這個默契就是：不能太多樣東西、不能太重、不要不好帶。

我媽認識的一個客家印尼阿姨，有次想念家鄉的醃漬臭鹹魚想念的不得了，不顧這個默契，硬是苦苦哀求同鄉姐妹幫忙帶回台灣。姊妹當然拒絕，要是臭鹹魚的真空包裝破了，整個行李箱內其他姐妹們託付的東西，不都全毀掉了嗎？

即使如此，想吃越南春捲，光只有皮不夠。裡面的一堆餡料準備起來，在當時要什麼缺什麼。就算內餡能將就，越南春捲半透明的皮也超容易破。我還記得每次我媽拿到春捲皮，就欣喜地坐在餐桌的角落，把乾硬的春捲皮泡到水裡。她總是等不到春捲皮泡軟，就急著包入晚餐的台式蒜泥豬肉跟台式米粉還有紅蘿蔔絲。當然屢包屢破，但不阻礙她像三天沒吃飯一樣，用雙手扶著整坨勉強包住的春捲，笑到眼眶泛淚塞到嘴裡。

我媽吃春捲的同時，想配上魚露沾醬？不可能。魚露雖然台灣買得到，但阿嬤跟老爸無法忍受家中空氣裡有那個味道。於是她自己做了一種四不像沾醬：用泰式甜辣醬，加糖水，加檸檬汁。

這類懷念東南亞家鄉味道令人啼笑皆非的故事還有。比如十年前，我家附近有一間不管開什麼都倒店的店舖。竟然開了一間「越南河粉」，我媽拉著我十萬火急地去吃。結果老闆娘兼大廚是越南人沒錯，但食材東缺一樣、西缺一樣，用台灣寬河粉冒充的越南河粉，還莫名的很乾，吃起來跟橡皮筋一樣。我媽都還沒哀悼完，那間店就又倒了。我媽從此之後放棄尋找她想念的食物好幾年。

食物的鄉愁，我出國讀書後才懂，我媽在那些吃不到家鄉菜的歲月有多痛苦。大一剛到美國的時候，幾個月內都只吃學校的食物，兩個月後人都快要發瘋了。直到感恩節的時候，我跟幾個台灣的高中同學，一起搭uber到車程四十分鐘的一間台灣餐廳。我們四個女生共點了九道菜，兩盆白飯，全部吃光……。我甚至還想把臭臭鍋的醬汁包回宿舍，拌白飯吃，老闆娘不理解我的要求：「蛤？你要包醬？都沒料了捏？你是在哪個大學讀書那麼可憐？」我苦笑卻內心滴著淚，妳家是開台灣菜的店，怎麼會懂我的苦。

橡皮筋越南河粉倒店之後，那個店鋪又換過幾個老闆、做不同的生意，倒店速度快到我想不起來到底開過什麼店。不知道有什麼魔咒，明明它左邊的檳榔攤跟右邊的虱目魚粥都好好地開了快二十年。

大約五年前，又一間越南小吃把店面頂下來，味道雖然比起上一家有進步，卻還是一言難盡。在沒有其他選擇的情況下，我跟老媽去吃過幾次。菜單上有疑似老闆娘自創的菜：蝦抱甘蔗，是用切成竹筷形狀的甘蔗穿過的蝦卷。我爸也跟著我們去吃過一兩次，肯定不合口味，但他很貼心地沒有嫌棄，只是說蝦抱甘蔗很不錯，吃到最後啃中間那根甘蔗他很喜歡。要知道，我爸這一個不幸長得像黑道的男人，竟然笑著邊讚美、邊啃一條不到他小指頭細的甘蔗。

再次強調，那間店的食物味道實在是差強人意，蝦醬米線有很重的腥味（我們得含著眼淚，邊抑制身體作嘔地吞下去）、隨餐附上的檸檬根本擠不出汁、魚露沒有加糖水稀釋，鹹的要人命。

即使我媽終於有一個可以大大方方吃魚露的地方，她思鄉的心大概還是像颱風天被捲到空中亂飛的鐵皮一樣，無處安放。

然而這可怕的亂飛鐵皮突然有了條線！某次去的時候，這家越南小吃店在結帳台旁邊地上，突然多出一個放了東南亞乾貨的白鐵鞋架！

有泰國 MAMA 泡麵，泰國馬牌爽身粉，越南榴槤餅，越南椰子糖……因為這些東西很隨性的放在地上的白鐵鞋架上，感覺不像是販賣的商品，像是店家自己要吃的。但我媽才不管，她眼睛亮起來就是亮起來了。

她不認識泰國字或越南字，甚至分不出哪個字是哪個，但她看得懂泡麵上面的「MAMA」字樣、火紅的湯頭圖片。她看到包裝上榴槤餅的照片，就開始覺得自己能聞到榴槤的味道。她看到椰子糖外面隱隱約約一格格的紋路，就想到把硬硬的小椰子糖磚塊丟進嘴裡的感覺。

我當時不知道這些食物是什麼，但我順著我媽的眼神看過去，我看到了爽身粉上面的那隻馬，馬在對我啼叫。

那是從我是小寶寶的時候，我媽就一直託人帶回來的泰國爽身粉，到現在我大學離家了，我家仍在用！（我媽都叫它寶寶粉，說以前在柬埔寨夏天洗完澡，全身擦這個泰國馬牌寶寶粉就會很涼爽。）

我媽問老闆賣不賣？

最後，我們提著兩大袋東西，十包泰國泡麵，酸辣湯口味、綠咖哩口味、酸湯蝦口味……榴槤餅跟椰子糖當然也沒放過。我說那寶寶粉呢？她說家裡還有之前阿玉阿姨幫她帶回來的兩大罐還沒開，夠用兩三年。

現在想起來，那個白鐵鞋架上突然出現的東南亞乾貨，其實是我媽尋找家鄉味的一個轉捩點。在那之後，連彰化市街頭的越南小吃都多了起來，吃到家鄉味也再也不是那麼難的事了。但距離台灣人能接受東南亞料理，或者是我爸和阿嬤能欣然接受我媽在家裡煮跟吃下各種「奇怪」的食物，還得有幾年的時間。

敗部復活的東南亞菜(二)

我相信，當人們接受並喜愛一個族群的食物，就會開始對那個族群產生更多的正向想法。

高二時的音樂課，有次我們必須練習用音樂剪輯軟體，剪輯音樂或影片作為一次小組作業。我覺得這是一次可以用食物讓班上同學對東南亞族群產生好奇的好機會。就拉著我的兩個朋友，一起去台中第一廣場吃東西。

沒有熟門熟路的人帶，一般台中人不知道如何逛現在東南亞味十分濃厚的第一廣場商圈，甚至會有點害怕，因為新聞跟傳言總說第一廣場有多亂，因為外勞很多。不過我的朋友倒是沒有多想，她們覺得能有好吃的食物當然好。於是我帶她們去吃一個巷弄裡超大、超香，麵包還當場現烤的越南法式麵包（Bánh mì）。之後還吃了「尤利的印尼小吃」週日限定販售的烤斑鳩飯。斑鳩的肉質吃起來就像是升級版的雞肉，吃起來更細膩、肉汁更香。吃完一隻後，會有種竟然吃完了的哀傷感。

老闆娘說，斑鳩飯一盤賣一百，但是斑鳩一隻成本就要六十，所以只有限定週日客人最多的時候供應。斑鳩處理起來很麻煩，又賺不了什麼錢，但為了一解自己和其它來台打工年輕人的思鄉之愁，還是推出了這道招牌菜。

剪出來的影片在全班同學面前播放。班上同學反應很正向，有個同學曾經說過「第一廣場是外勞集散地」這種讓我不舒服的話，她竟然也興致勃勃地問我賣這些食物店家的具體位置在哪裡，看影片中我們吃得那麼香，她也想去！

食物作為族群衝突的解藥？

這位同學的態度轉變之大，讓我想起曾聽過一個澳洲社會因美食化解移民衝突的故事。

有次我認識我朋友的澳洲朋友，他說：

「從前從前，當澳洲幾乎只有白人的時候，澳洲人的英語人口，會歧視其他不說英文的白人，義大利人、和希臘人一律被嗤之以鼻，覺得他們沒文化水準、還搶『本地人』工作。

但是，後來『本地人』覺得，算了，我們可以當朋友。因為義大利菜真的太好吃了！如果沒有義大利人開義大利餐廳，我會活不下去，生活失去樂趣。義大利人也不是那麼壞嘛，上次去吃飯，安東尼還給我多加一顆免費肉丸。

之後非白人的亞洲移民開始湧入澳洲，本地人口再次反彈。不久，澳洲人又覺得：我覺得本地人的文化和工作權的保持很重要，但是泰國菜真是太好吃了！沒有日本菜跟泰國菜的日子叫我怎麼活啊……於是他們對亞洲移民就沒什麼問題了。」

這個澳洲朋友接著說，「澳洲主流社會跟穆斯林群體有衝突，你知道的，說不定有一天穆斯林菜可以再度解決問題。」

我的朋友打斷這位澳洲人說：「你知道沒有所謂的『穆斯林菜』吧？那麼多國家都有伊斯蘭教徒。」

澳洲人笑了，說他知道。總之他希望有一天，當他家鄉的澳洲人想起伊斯蘭教這個宗教時，想起的不是只有極端恐怖組織，不是只有全身遮掩的婦女，而是想起家裏附近那個賣沙威瑪的土耳其年輕人。能夠記得就算我們多麼不一樣，我們也都是喜歡吃美食的人。

這個美食角度的澳洲移民史或許過於簡略，甚至錯誤，但我很喜歡。

時光流逝，二〇一六年我上大學之後，每次回家到彰化，都能感受到東南亞菜在台灣敗部復活的力量。

現在彰化市的越南小吃可多了。我媽開心的話，她可以每一週都去吃不一樣的店。我爸更是了不起，以前每天早餐都要吃台式滷肉飯的他，現在幾乎每次我媽去吃越南餐，他都跟著一起去。

現在我跟爸媽一起去吃越南餐，是這樣的畫面：

他說：「今天天氣熱，老婆你幫我叫那個涼拌的細麵，上面有脆脆春捲的 Bún chả giò（上面有炸春捲的涼拌米線）。再叫一個海鮮炒飯，他這裡炒飯好吃。」

接著再對我說：「劉育瑄，你幫老爸叫一杯咖啡。越南咖啡吼，有加那個煉乳，很香。有台灣古早味的感覺。」

我媽會叫我爸別沾魚露，那天廚師調的不好，很鹹，「沒關係，給我拿來沾。這個春捲就是要沾魚露才有香！」

最讓我驚訝的是，現在連我阿嬤都願意嘗試越南菜和越南點心了。阿嬤說越南菜口味清淡，而且吃了不會胃脹，很適合他老人家。每次我媽有買榴槤餅回家，都是一瞬間被阿嬤吃光。我媽總是試探性問我阿嬤是不是一個人吃光光，邊偷笑對我使眼色。

沒辦法，從前只要我媽買榴槤回來放冰箱，就會一直碎碎念的她婆婆，我阿嬤，現在竟然像小孩子一樣，無法控制的吃甜食，對象還是榴！槤！餅！

我媽怎麼可能不偷笑？

東南亞菜在我家復活，然後呢？

本來試圖要在最後，談些聽起來很深奧的知識，比如說東南亞菜對於我東南亞新二代身份認同的意義。但說實話，我沒有這麼偉大的東西可以說，只有一些小小的，甚至有些好笑的想法。

在開始跟我媽去吃越南餐廳之後，我開始練習吃辣，目標就是能像隔壁桌的移工哥哥一樣，在越南河粉的表面，用炙烤牛排上的花紋淋滿方格狀辣醬，再面不改色地吃掉。我這樣做的原因超幼稚，只因為我媽說對我微帶輕蔑的說：「你看看他，老媽我在你這年紀的時候也這樣吃。」我不服輸。

我的天，怎麼能被三十年前的我媽超越！為了贏，現在的我終於能用變態的多辣醬量吃掉一碗熱湯的越南河粉。完全不管這個對於真正的越南人來說，到底是不是對於用心熬煮的美味湯頭的一種褻瀆……

當台灣的新二代，終於能吃上媽媽們年輕吃的食物，當新二代們不必因為喜愛東南亞食物而付出任何代價的時候，他們才能內心平靜，作為一個在台灣出生長大的「新」二代。

就跟西方人說皮蛋跟雞腳很噁心時，台灣人會心懷不甘一樣。當我的朋友千萍說小時候被爸爸那邊的親戚說「不要像你越南媽媽一樣吃那麼多鴨仔蛋，會變笨」，我聽了很捨不得。

從前必須躲在家裡餐桌角落，一個人笑中含淚吞掉自製四不像越南春捲的我媽，至今終於能正大光明了買越南菜和越南糕點回來給全家人吃，大大方方擺在餐桌正中間，把魚露倒在彰化前縣長送的飯碗裡。

在台灣生活二十二年之後，我媽終於也被允許成為下班後買好吃的食物給家人吃，一個普通的台灣女人。

台中「第一廣場」對我的意義：十六歲vs二十二歲

回想起來，在我到臺中念中學以前，在彰化時我也去過一些東南亞社群為主的空間。比如說，我媽工廠裡除了中老年台灣人以外，就是「嫁過來的女人」。她們會去越南理髮廳、越南餐廳、越南人開的美容院、夜市裡的越南點心攤。除了她們以外，我身邊的東南亞小空間，會常去這些空間的人，或許還有我爸工廠尾牙時坐在同一桌的年輕移工們。

這些以東南亞社群為主的空間，幾乎都在城市裡的角落、巷子裡，若不是熟門熟路，經過也不會注意到，甚至不知道他們的存在。

我的童年大部分還是成長在台灣人和台灣文化為主的空間內。與家人看澎恰恰主持的台語金曲歌唱節目，與我媽去市場用台語向老闆殺價買菜。我在學校用國語學習台灣歷史，下課後跟老爸吃巷尾的古早味麵攤。

一直到我升上國中去台中唸書，我才知道火車站走路不到十分鐘的距離，那裡有一棟綜合型大樓叫做「第一廣場」。在第一廣場，我可以看到很多跟我媽相關的人事物。聽說那裡會有很多人用跟我媽一樣的口音說話，吃著身為台灣人的我從沒看過的食物。

去一廣探索一陣子之後，高二時十七歲的我寫下：〈那天，我帶我媽去一廣〉（原二〇一五年七月十五日發表於四方報，已略作修改）

聽過「第一廣場」嗎？

「第一廣場」位於台中火車站前站出口不遠處，是一棟地上十三層、地下三層樓的綜合性休閒娛樂建築，原本是青少年休閒娛樂去處，後來不曉得為何也漸漸沒落了，建築物外觀看來年久失修。現在則成為東南亞移工假日聚集、遊憩的場所，裡頭除了原有的服裝、首飾和通訊行等店面之外，二、三樓現在也進駐了東南亞各國小吃店甚至是東南亞超市。

剛從彰化到來台中讀書的前幾年，「第一廣場」對我而言是很神祕的區域，每次搭公車經過，也看不見哪裡有什麼「廣場」，倒還比較像舊都市規劃中保留的一塊小空地，冷冷清清，經過的人也大多是下公車後趕往火車站的旅客。

直到有天上課時老師無意間跟同學聊起，我才知道原來對部分台中人來說，星期天，特別是晚上時，女生最好少去那裡。

因為，外勞很多很「危險」。

聽到當下，除了為台灣的東南亞社群抱不平之外，我的好奇心也隨之興起。

說來奇怪，華人移民遷徙到海外總會跟子孫說不要忘記自己血液裡的中國文化，但我媽媽卻忘記跟我說她華裔柬埔寨人的身分。幾年前，偶然發現她稱自己為「我們廣東人」、跨國電話裡說的語言是廣東話，我也才想起自己小時候還會唱廣東兒歌。要說我的世界被顛覆了都不誇張。從那之後我就不斷地在想，那其他幾十萬、甚至近百萬的東南亞移工、移民與他們的後代，都是怎樣的過著生活？回過神，我已經一個人靜靜的在一廣坐了一下午，不知道是第幾次了。

有天晚飯媽問我知不知道「第一廣場」，我回知道我常去。她又驚訝的問那地方不是很亂？「也還好啦，就是賣衣服跟很多東南亞食物的地方。」我答道。隔天星期天，滿心期待的媽和淡定的爸就已經同我在往台中的火車上了。

你猜我那天在一廣看見了什麼——很多人。啥？不，我的意思是，或許其他人看見的是「一堆外勞」，但我看見的是很多「人」。很多跟我們一樣也有著朋友，也笑得很燦爛的人。或許平常別人看他們就是貼著已被汙名的外勞標籤、或是得忍受要求過分的雇主、可能也得不到台灣人對「外國人」

的友善與耐心，但是在一廣，我偶然聽見一個賣首飾的台灣老闆娘對一位二十出頭歲的越南小姐用國語說「如果有什麼問題的話再打電話給姐姐（越南逢人便以姊妹相稱），這是我的名片。」接著指著名片上名字處用了越南文發音念出自己的名字。我還聽見喧囂的人群中，有群年輕人坐在角落邊彈吉他打節拍一同唱歌。我也看見情侶拿著衣服在對方的身上比樣，甜蜜的笑著看著對方表示好看、朋友互相幫對方挑一副看起來最蠢的太陽眼鏡，接著抱肚大笑。而這些聽起來還很可怕嗎？

至於我媽則完完全全的被一個賣越南點心的攤子給吸住了。原本在人群她拉著我的手，突然間她鬆開逕自向前走。我墊起腳一看媽正拿著一盒粉類的點心跟店員說話，中間隔太多人我聽不見，但我知道她在說越南話，那種沉著自喜的樣子只有在她說她三個母語的時候才會有。一盒八十？想也知道她還是買了。又看見小時候在越南她常吃的水果，後來又看到我媽簡直容光煥發的臉後面有兩個女生，一個彎腰一個半跪著，都在奮力地往登山用超大型包包努力地塞、甚至還半個身體壓在上面努力將拉鍊拉上，我對著他們瞅了一會，包裡不意外是滿滿的東南亞食品。我媽正大光明偷笑得好像她手上沒拿著越南涼粉和水果還差點買了真空鹹魚、我沒幫她提著越南堅果和罐頭一樣。

很久沒看到媽她那麼開心了。我們吃著浸在魚露裡的越南涼粉和印尼小吃店老闆娘獨家辣醬、她拿著烤斑鳩飯的小斑鳩腿拍照。我也很開心我爸是一旁靜靜地笑著看著這一切。從前我在越南小吃店見過一個家庭，小女孩帶著金耳環銀手環的，一坐下來，就用流利的越南文跟她媽媽說要吃什麼，那時那個小女孩的爸爸就是用一樣的笑容看著她。有人問我為什麼要自學廣東話、出去吃飯辣醬要這樣整罐拿起來淋。沒為什麼，只因為我希望有天我媽她也能用那種笑容看著我。因為我知道她曾經把我抱在懷裡，ㄋㄨㄟˊ啊ㄋㄨㄟˊ啊（女兒啊女兒啊）叫得很好聽。

無意間發現三樓的東南亞超市有四個收銀台，而每個收銀檯上所插的小國旗竟然是代表收銀員所會講的語言。我深深感受到了我的愚昧，他們有名有姓有自己的國家，我卻也曾經只叫他們外勞和菲傭，還覺得反正他們長的沒什麼分別。我們不該把只把東南亞移工當作勞工、新移民女性當作媳婦和媽媽看待，不論種族文化和語言，我們都一樣，都是人。不需要用過度簡單的系統把人分類。星期天傍晚的第一廣場還很可怕嗎？

不，在那裡，我聽見很美很美的笑聲。

五年後想法的轉變

我想第一廣場對我最大的意義和價值，是我能給朋友看：有一群活生生的人活著，有時跟我們很不一樣、有時卻有極其相似。

移工們一週唯一的休假日，星期天裡，來到這裡跟朋友吃飯、買手機、買菜、唱卡拉ＯＫ。他們聊八卦、跟旅行社訂下個月回家的機票、匯錢給遠在家鄉的老爸老媽。

要不是有一廣，我的台灣朋友們能看到的移工，或許只有新聞報導上喝酒滋事的、被船長虐待的漁工、沒有好好照顧生病阿公失職的人，那些媒體上的形象。或聽說，他們會逃跑，他們會在工廠裡搶著加班。或者是他們在公園裡，徐徐推著輪椅上的老者。

因為有一廣，他們能看到年輕女生在休假日，認真打扮跟朋友或男朋友出去玩。也會知道越南菜，不是只有魚露跟越南法式麵包，而有放在竹篩子上的涼拌米線拼盤。

他們能看到年輕男生坐在路邊的矮桌，一起剝瓜子聊天。

我可以指著一包羅旺子，跟朋友說：我媽媽說這個煮湯放，酸酸甜甜的很棒。很像台灣人煮鳳梨雞湯一樣。

誠實說，我看一廣這空間，也是用一種符合我想像跟我的需求的方式。我帶我的朋友們去一廣，似乎是想要告訴他們：不是我不正常，而是在這塊土地上有人用不一樣的方式活著、吃不一樣的食物。但是你看，這些人跟我們沒啥兩樣，媒體上報導不代表真實世界的比例。

另外一點是我這麼做，大概也有想補償我媽的意味。當我願意在台灣人面前，展現我不那麼台灣的一面，某方面來說，我就更像他的女兒了。離開台灣出國唸書這幾年我總想著，要是我以後在美國或國外結婚，我的孩子卻完全不會說中文，也不懂得欣賞台灣菜的美味。就連我想去廟裡求平安符給他以祝願他平安成長都拒絕我的話，我該有多傷心。如果他開始願意了解我成長的一切，就算他是從吃紐約街頭不那麼正宗的臭豆腐也沒關係，我會很感動。

剛開始，的確是有點一廂情願的意味。其實我媽對於我這麼做到底怎麼想，我也不能確定。後來就跟學習廣東文化一樣，剛開始是為了補償，後來開始找到自己喜歡的部份。

我就是喜歡在泰國餐廳吃飯的時候，上面莫名其妙的粉紅配藍色霓虹燈，跟總是會有歌手水準的客人出現在店裡的卡拉ＯＫ機前。我喜歡拿捏吃越南炸春捲的時候，到底要把春捲泡在魚露多久才是我最喜歡的脆度跟鹹度。我喜歡點了越南法國麵包以後，看著老闆娘把麵包放進烤箱烤，然後香味漸漸散出。我喜歡看著印尼人能熟練地用手吃飯，雖然我送到嘴邊總只剩下三粒米。

當我不想太多，只是想我自己喜歡什麼的時候，開始享受一廣這空間。

如果我朋友問什麼，但我不知道，我就說我不知道。如果一個東南亞食物我不喜歡，我就誠實說不喜歡。我終於不再執著我是什麼東南亞文化傳遞使者的角色，我只是帶朋友到一個對我來說很重要，我喜歡的地方。

現在的一廣對我來說，是一個放鬆與喘息的地方，也是一個創造我跟媽媽話題的地方，更是創造我跟朋友共有記憶的地方。

「媽，我現在在一廣三樓的超市，等一下回家了。你要我買什麼帶回去嗎？」

自學母語超難：我從被親戚當啞巴到能用廣東話交朋友

我的外公外婆是從廣東到柬埔寨的移民，所以我媽的第一母語是廣東話，再來才是柬埔寨高棉語。

回想起從我開始自學廣東話至今，已經五年了。現在的我能聽懂梗，能邊做其他事邊聽 Youtube 影片還能笑，能讓學校的香港同學驚呼：「你唔係台灣人咩？頂解識得講廣東話？」（你不是台灣人嗎？怎麼懂得說廣東話？）忘記我們同時在美國上同一間大學，問我是不是在香港讀過書。

有人問我學廣東話難不難？難。不僅各種只存在廣東話裡的發音難、九個聲調難，更難的是如何在長大之後，還要自己買課本，堅持空出時間自學，學習這個在台灣根本用不到的語言，只為了尋根。

尋根，甚至不是我剛開始的目標，最初始只是因為對我媽愧疚，我活成一個完完全全台灣人孩子，身上找不到一絲我是她女兒的痕跡。有次回柬埔寨時，因為我一進我媽老友的家門，幾個小時只顧禮貌微笑，一句廣東話都沒說，還被誤認我是啞巴，無法說話。

是，當我聽懂人家問我媽我是不是啞巴，我卻連「唔係（不是）」的發音都不確定也發不出時，當下真成了啞巴。

於是我跟許多新二代一樣，即使不知該如何去思索「你不會說母語就是假的新二代」這種言論，我們仍開始了艱難的母語自學之旅。只為了將來有一天，我們也能用我們媽媽的母語，發出自己的聲音。

高一升高二的暑假跟我媽回柬埔寨兩週之後，一開學我就去學校圖書館找課本來學習。香港中文大學出了一套專門給母語是普通話學生的教材《粵語速成》，課文左邊是用粵語正字書寫、中間是一般中文翻譯、最右邊是耶魯拼音。

我開始聽 CD，然而第一課的課文讓人啼笑皆非。一個男生的聲音用字正腔圓的廣東話說：「大家好，我叫王小明，我是上海人。我廣東話一句都唔識聽（一句都聽不懂）。」

在差不多五個學生，依序用完美廣東話舉例說他們廣東話多爛之後，第一課就結束了……我的廣東話自學之旅就這麼開始。

每天放學下課，我就留在教室，著魔似地一遍又一遍練習發音。Go… No... Nga...Kuo...Ngo...Ngo...NGO 我終於學會怎麼發音廣東話，「我」。Kei... hei, ku-ei, kuei, Kei...keui ...Kuei...Keui...Keui...KEUI! 為了發音「他」，我密集練習了三天，只要沒人在旁邊，我就默念。

我曾經覺得有點衰，為何我的母語是一個連「我、你、他」三個字就這麼難的語言。

很快的，在每天搞得自己臉快抽筋、常常為了唸出一個字念到忘記呼吸腦袋缺氧幾個月後，我開始能說一些實用簡單的句子。我興奮的跑去廚房跟我媽炫耀我已經會講三個超實用的句子了。

順道一提，我沒有直接跟我會講五個語言的老媽學，是因為她覺得學會語言是應該的，學不會只有兩個原因：不是真的笨到沒救、就是活得太有特權，只會講一種語言也能活。跟她解釋我在根本聽不到廣東話的台灣長大是沒有用的，她可是年輕時鄰居是潮州人，就順便把潮州話學起來的高手。（有人誇獎她台語好時，她就說台語不難，因為跟潮州話很像）

我媽微微不屑嗤笑了一下，問哪三個實用廣東話句子？

我零零落落說：「先生，你會不會說英文？」Sin sang, nei sik ng sik gong yin mang?

「先生，請問洗手間在哪裡？」Sin sang, chang mang sai sau gan hai bin dou?

「你好，我要玉米燒雞飯跟凍檸茶。」Nei ho, ngo yiu so mai siu gei fang

tong dong nin chai.

我媽大概覺得我很蠢，她不明所以地大笑之後，轉身把洗好晾乾的平底鍋收好，什麼都沒說。她可能覺得我只是一時興起學了三個句子來搞笑，卻不知道當時我已經快把從學校圖書館借來的《粵語速成初級》學完。

當時的我決心瞞著我媽我在下苦功學母語的事，除了我不想吃力不討好被她嫌棄，還因為我有個驚喜大計畫。

我的高中有個十六歲成年禮，會舉辦在學校在台中郊區山上的一個園區。第一天晚上爸媽會被邀請上山，全班同學會圍著坐一圈，爸媽圍著坐外圈，然後同學會輪著拿麥克風講自己想告訴爸媽的心裡話。

當時班上除了班導跟我最好的幾個朋友，沒有人知道我是新二代。我裝作一個「正常」台灣小孩的計畫，仍然很完美。

我打算在成年禮那天，在全班同學跟家長、老師面前，用廣東話，第一次開口跟我媽說「我愛你」。

原因是，每當有人要因為我媽的口音、或她外配的身份議論她的時候，我會視情況用標準年輕人台灣腔回答，或甚至用完全不合乎我年紀的台灣國語跟幾句台語俗諺回應。只要夠台，夠融入，人們就會閉嘴，我是這麼想的。

但我不想面對歧視跟議論的時候，再留著我媽一人面對，而用我台灣人小孩的身份躲掉這一切。這讓我覺得自己很卑鄙。

當我學會廣東話，國語跟台語染上再也無法完全去掉的口音時，台灣會怎麼對我？要是我之後學了越南話，也有了越南口音的時候，社會還會尊重待我嗎？

我不知道。我想第一步我能做的，就是透過在別人面前說我媽的母語，以此宣示我跟我媽在一起。他們可以說外配都是嫁來台灣騙錢，但他們不能在我抗議的時候再說「啊你不一樣，你是在這邊長大的。」

如果出生國家、血緣、口音這種無法改變的東西是他們狡辯自己歧視的理由，那請連著我一起歧視吧。

我再也無法容忍，那個為了被這些人視為有別於我媽的高等人，而裝成一般台灣小孩的自己。

我剛用顫抖的語氣，哽咽地說完「阿媽，我都沒跟你講過，但其實我很愛妳。」

同學的反應就像是我剛用某種神秘古老語言唸了咒語，甚至有人與身旁的同學驚呼她說的是中文嗎？

我呢，就坐在座位上顧著情緒激動的哭，完全沒有在聽我後面的同學在講什麼。我只想這個環節趕快結束、開燈、然後衝過去抱著我媽。

活動結束之後，一開燈我就馬上衝過去找我媽哭。我在期待什麼？

我以為她會說我這麼做很勇敢，她很感動、很開心。

結果她說，她根本沒聽懂我剛剛當著全班同學的面講了什麼，我崩潰，一直邊哭邊用國語重複的說：「我為了你，我一直在學廣東話。我每天早自習前跟放學，都在學廣東話。很難你知不知道？我為了你，一直在學……」

好啦好啦別哭了。

我媽顯得很錯愕，她完全不知道發生了什麼事，為何她一直獨立照顧自己的女兒抱著她一直哭。

我期盼的身份認同世紀大和解並沒有發生，然而我能感受到她看我的眼神沒有那麼黯然神傷了。

我媽在跟我看港劇的時候，開始會轉頭跟我說，「你不覺得剛那個男生告白說『我鍾意你』的時候很令人感動嗎？」

她開始對我轉為用廣東話碎碎念，我沒收好房間、我沒在把褲子丟洗衣機前把口袋東西拿出來。倒是我爸還挺開心的，他聽不懂，這些碎碎念的負能量就影響不到他。

幾年過去了，現在我在美國唸書，跟爸媽講電話時是國語、台語、廣東話各三分之一。有時候我媽也會用廣東話跟我訴苦說，天氣很熱，夏天在工廠上班很辛苦。

至於這幾年間，我帶高中同學去吃東南亞食物、我上網投稿新二代相關文章、我美國大學面試遇到熱愛香港電影的面試官叫我用廣東話自我介紹、我自己跑去香港三次跟去廣州長住兩個暑假、我在美國跟香港同學聊我們熱愛的周星馳電影和黃子華脫口秀……等，這一切，都是從那本廣東話課本開始。

最重要的是，對於我東埔寨的廣東親戚還有我媽來說，我再也不會是那個「不會說我們的話」的啞巴女孩。這樣就夠了。

台灣四百年前後：正常成為反常的年代

拍攝當天，我發現我自己坐在攝影工作室正中間，前面有一台擁有至少五百個零件的偉大相機，背後有幾層白色布幕伴著打光設備使光柔和。這是第一次有人主動要用這麼認真的形式替我拍照，更何況我是作為一個「新二代」出現在照片裡。第一次有人刻意找我，不是為了用我新二代的身份替他們的機構增添名聲和曝光率，而是想要用解構框架的方式把我放到相框裡。

為了用一個客觀的方式呈現我，我雖作為一個新二代被拍攝，但不許做跟文化背景相關的打扮。攝影師杜韻飛只用各種技巧，補捉出我表情放鬆時的氣質及神情，照韻飛妻子葉子姐的話，就是要拍我最「正常」的樣子，在沒有人看著我、我不做任何受社會制約的事情時的樣子。看的人只知道我是劉育瑄，而不知道我是哪一個國家的新二代、是否會講母語、有什麼樣的成長經驗。

這很新奇，但我喜歡。

二〇一八年七月，天下獨立評論的主編雲章姊聯絡我，問我有沒有興趣參加杜韻飛的攝影計畫——「未來祖宗像。」韻飛想用各種攝影技巧，自然地拍出新二代肖像。照片必須非常端正對稱，拍攝時得面部放鬆、不刻意做任何表情，展出時將輸出成2m×1m的大幅作品，一字排開在展場，旁邊只會放上名字，年齡，和台灣出生地。

攝影師之所以將這次的攝影專案定位為：四百年後未來祖宗像。是因為四百年前，台灣有文字記錄的歷史剛開始；而四百年後，這些新二代的面孔對於那時的人們來說，將會成為一幅幅的祖宗像。我同意了，並跟韻飛定下了拍攝的日期。

椅子在一個可移動軌道上面，葉子姐將我不斷地左右上下微調。一個下午三個小時，攝影師竟然拍了我四百多張照片。

拍攝中間的休息空擋，韻飛讓我看他已經選出來的其他拍攝對象照片，其中有個年紀與我相仿的美麗女孩，畫著淡妝。更仔細地說，是帶了咖啡色的瞳孔放大片、上了底妝和口紅、還擦了腮紅。一切在超高畫素的攝影機捕捉下非常清楚，再加上我那天其實也有偷偷化妝，所以一下就注意到了這個女孩子。

我做賊喊抓賊的試探問了一下：「她有化淡妝耶，」我以為當天我該素顏來的，但還是自尊心作祟遮瑕了黑眼圈、補了眉毛的空隙，和擦了潤色的護唇膏，「沒關係？」

「她這是濃妝。沒關係，我不是人類學家要精準紀錄長相。」他讓被攝者呈現出自己的個性：

有臉滿佈青春痘的男生，

有整個脖子被黑白細條紋高領包住的女生，

有個男生戴著樣式簡單的耳環，

還有一個女生留著長及鼻子的「V」型瀏海，穿著有搶眼英文字的大學T……

不知道的人看了還以為這些只是些不正常的證件照。

但不是，一般的證件照都會把臉修得毫無瑕疵，卻人人看了都覺得醜、僵硬。韻飛鏡頭下的這些年輕人卻人人都有一張耐看的臉，越看越好看。有天我跟學電影的朋友看周星馳的「功夫」時，我們注意到他的電影都拍一些社會底層的小人物，有些甚至做著社會所鄙視的職業，卻能拍得每個角色都讓人喜歡。推想，是因為周星馳也是那樣辛苦混上來的，所以他能拍得很真。他拍出這些小人物的可愛，而不是他們的不堪。

在拍攝的七個月後，我終於看到了韻飛所選出的我的照片。相片裡的我看起來讓我感到陌生，看著看著卻有開始熟悉了起來，心裡還有些擾動。

想起來了，那是我每次大哭完，去廁所清洗一番後，平靜地對著鏡子裡的自己看的樣子。

過去兩年來，我生了一場重病，整日臥病在床。為了不麻煩別人，謝絕了各種邀約、足不出戶了很長時間。然而，我很高興當時的我用盡全身的力氣出門，去給韻飛拍。我的黑眼圈還是從兩層遮瑕霜下透了出來，但相片裡的我是在那段生病的時光裡，我看起來最體面的時候。雖然我的朋友覺得我看起來很傷心，但我反駁至少我看起來很努力地活著。

當時我開玩笑說：「本質來看，我根本是在拍遺照嘛。」葉子姐嚴肅的同意我的說法。

我期待這系列作品能如韻飛的期望在四百年後的博物館被展出。那樣的話，未來的子孫會知道有一個叫「劉育瑄」的人曾經活著過，「我看看唷，劉育瑄」中年男子摘下了眼鏡，瞇眼一看，接著說：「什麼是新二代啊？」

輯五

獻給更多的新二代與未來展望

「新二代」這個標籤到底能不能用？

在深入這個問題之前，我想分享一下我人生過去二十一年中，所聽過的在人們知道我是「新二代」後，令人哭笑不得的問題，和現在我心中最完美的答覆。

❶某老伯問：「你爸花多少錢把你媽買來的？」

答：幾十萬美金，我家是彰化田僑仔，隨便賣了幾甲地錢就有了。剩下的家產都換成現金，放在豪華農舍別墅裡！

❷某同學皺眉問：「真的假的？」

答：請不要表現得像發現我是披著人皮的蟑螂。

❸打工的同事問：「難怪你那麼聰明，你是混血的嘛！」

答：哈哈沒有啦，不過我之前缺錢賣血的時候，談到的價格的確特別好！

❹同學問：「但你長得不像？」

答：如果我長得像混血名模，你覺得我會跟你交朋友嗎？

❺不想記起是誰問：「不會講母語？那你是假的新二代。」

答：你不能用台語跟市場豬肉伯殺價？那你也不是正港台灣人。

❻實習認識的人問：「所以你覺得你是柬埔寨人嗎？」

❼答：老兄，我在台灣長大，我覺得我是台灣人。

❽同學問：「你的中文為什麼那麼好？」

答：喂！我跟你不是正在讀同一個高中嗎？我國文段考考假的？

❾同一個同學再問：「難怪你講國語有口音」

答：再說一次，我跟你讀同一個高中，同個班上，哪來的口音……

看到這裡，有些人可能會想：難道這些問題都不該問嗎？那我怎麼知道該如何跟新二代互動才對？問題是我身邊都沒有新二代啊？我想說，不知道是很正常的情況。

因為在過去一二十年間，新二代在社會、學校和工作場域裡很隱形。就連我自己是新二代，以前也不知道學校裡有誰也是新二代。因為他們不少人都跟我一樣，是用一個「一般」台灣孩子的樣子生活著。

甚至，高中以前的我，從來沒有發現自己是新二代。當我看著公民課本上寫著「台灣有越來越多的與大陸和東南亞配偶跨國婚姻，常常是低社經地位的弱勢家庭，這些新移民的下一代，叫做『新台灣之子』」，我甚至沒想過這段文字描述的人就是我。

在「新二代」和「新台灣之子」這些名詞廣泛使用之前，台灣社會都稱我為「那個他媽不是台灣人的」。所以我心中把自己當作一個百分之百的台灣孩子，只是我剛好有一個柬埔寨的媽。

在這種新二代自我隱形的情況下，談論新二代所適用的語彙，和跟新二代適合的互動方式，幾乎就沒有生成的可能。小時候的我一邊聽著那些人們問我各式各樣啼笑皆非的問題，同時我也無法理解，為什麼我一個台灣孩子會被這麼問、也不知道該如何答覆。

標籤的意義

二〇一六年，我前往美國開始四年大學生活。第一學期，我就熱情滿滿的選了「社會學入門」這堂課，學長姐強烈推薦，無論我想主修什麼，畢業前都該修這堂課，因為會完完全全改變一個人觀察社會的方式！

每週都會有一個主題，比如：談性別、階級、婚姻、種族、童年、在街頭生活的人、教育資源不平等……等。上課前要先看指定閱讀、寫報告，上課時百分之八十的時間都是學生討論，教授會透過引導討論的方式，確定學生了解課前指定閱讀的內容。

開學第一天，教授就給我們一個震撼彈：「我知道你們很多人都是因為對社會運作的方式很困惑，所以想來了解社會，但事實上，很多學生上完之後反而更困惑，不知道到底什麼才是對的，什麼才是錯的。請你們做好心理準備。」

不久後我就發現，每一週的主題其實有個貫串的東西，就是「標籤」。這堂課就是要告訴我，很多我們習以為常的事情，都是社會所建構出來的標籤。意思就是並不是「事情本來就是這樣」，而是「人們創造了這套看事情的準則」。

像是課程中談到種族也是社會建構的產物。如果說二戰時期納粹覺得「雅利安種族」是高級的，或者有人認為猶太人這個其實是文化和宗教的族群，也是一個種族，這兩個是社會建構的，還可以理解。

但是竟然有學者說，「黑人」、「白人」也是社會建構的種族分類。

一個同學舉手，困惑到瀕臨崩潰地問：「教授，難道你要告訴我們，我們的腦袋之所以區分深色跟淺色，也是社會建構出的功能嗎？我所知道的顏色其實不是真正的顏色！」

全班同學苦笑，事到如此，已經沒有人知道還有什麼可以相信了。

結果教授說，我們之所以區分「黑人」「白人」，是因為我們選擇用膚色區分種族。如果當初區分種族的標準是「雙眼皮族」跟「單眼皮族」，那我們看到一個人第一個觀察的就會是他的眼皮，漸漸的社會就會「歸納出」不同眼皮「種族」的特性，社會建置會讓人認為這些人為區別是天生自然的特性，好像實際上如此一樣。

課堂最後就討論到了，那探討現有種族問題時，用標籤合適嗎？功能是什麼？

有個白人同學說，既然種族是社會建構出來的，那或許我們該拋棄標籤，試著去把不同種族的人都當成「人」看待，這樣才能不繼續加深種族偏見。

一個拉丁美洲裔男生說：「作為美國長大的一個棕色人種（Brown people），以指不是黑人，也不是白人的種族們，我覺得突然就拋棄一切標籤的話，會讓我有種我和家人承受的苦痛，不被受到承認的感覺。標籤不一定能完全地代表我，但是給我跟我的社群一個建構身份和分享經驗的平台。」

另一位黑人女生接著繼續回覆第一個同學：「如果能那樣當然很好，但我沒那麼樂觀。我覺得人就是有歧視別人的習性。找一個跟自己不一樣，不了解的族群，給他新的標籤，貶低他們，才能自我感覺良好。

既然種族標籤因為歷史因素，在美國社會已經根深柢固。種族問題也是當初創造種族標籤後，遺留下來的問題。那麼，或許利用現有的標籤，一個一個族群去看有什麼問題，一一修正，會更好。雖然我不知道具體能怎麼做，但是既然標籤的負面印象就已經在了，且反映部分事實，那我們為何不面對它們呢？

等到不同標籤的族群沒有實際上社會優勢和弱勢的差別的時候，標籤才會真正變得沒有意義並瓦解，不是嗎？

不過我覺得當終於我們能把每一個人都當『人』看的時候，就又會有人創造新標籤去滿足他們歧視別人的需求。」

課堂就這麼結束了，教授過程中沒有評價任何人的發言，只是依序接著點下一個舉手的人，他沒有給我們任何答案。

台灣到底該不該使用「新二代」的標籤？

美國跟台灣的種族問題，當然很不一樣。不過隨著四年的時間過去，如果你問我什麼到底對台灣新二代來說，我的三個美國同學哪個答案才對，我只能告訴你，我覺得每個人都有部分是對的。

這世界上本來就很少完全正確或完全錯誤的事情。

「新二代」這個詞本來是中性詞彙，為「新移民第二代」的簡稱，指那些新移民在新國家生出的下一代。如同「外勞（外籍勞工）」這個詞，本來也是中性，後來被污名化過於嚴重就被拋棄，轉為用現在仍算中性的詞「跨國移工（在國際間遷移的工作者）」。目前新二代這個算中性，我覺得使用也無妨。

我雖然有意識到標榜自己是新二代，可能會有限縮大家對新二代想像的危險。既然現在大家對「新二代」有興趣，那我不妨掛著這個名義，小心地跟有興趣聽的人分享我成長過程中的所見所聞、我和我家人以及我所認識的新移民媽媽們的想法。

我希望未來有越來越多新二代出來分享他們的經歷和看事情的觀點，直到有一天，當人們提起「新二代」時，就能想起一百種不一樣的樣子。

現階段來說，我認為使用「新二代」這個標籤，會是好的。目前在台灣，對於族群、新移民、和新二代的討論尚在頗新的階段。如果有一個還算中立，不帶太多負面意涵的標籤，可以幫助相關的對話凝聚跟產生。

至於「新二代」這個大標籤下，必須正面的、負面的和中立的內容討論都要有。

沒錯，我的意思是，讚美的跟歧視的，有學術根據和純屬刻板印象的，最好都要有。沒有各種意見和觀察並陳，我們就容易落入窄化的思考。一旦思考窄化，就會有更大偏離真正真相的危險。英國哲學家洛克，在他的〈論宗教寬容〉裡說，就算有些言論在我們現在看來，根本就是幾乎百分之百錯誤，是在傷害社會，但我們應該還是包容。因為那少數的（我們確信是）錯誤的言論，會提供社會討論省思我們所認知的事實，是否真的是事實的空間。有可能在幾百年後，人們才發現那百分之五的事實才是事實。現在看來，洛克仍很有道理。幾十年前人們還深信女人不可能、也不適合當醫生呢！

對現在的我來說，新二代這個名稱越高頻率地被使用，能讓人們更有意識地去用不同族群、階級的角度去看待事物。只有當有更多的意識和討論，才有前進的動力。

既然所有標籤都是人們在社會裡互動後，所創造出來的，那一個標籤的意義，也將透過人們的來往互動、討論拉扯，才會最終形成他的意義。

或許讀者會跟當初我在美國的社會學課堂上的學生一樣期待著：拜託，你不能就給我一個正確答案嗎？

我的書寫以及想要開啟的社會討論，都不是為了找到一個答案。標籤與解構標籤對我來說，都只是一個發現同一個問題，永遠都還會有另一個答案的過程。

談論痛苦為何重要？

二〇二〇年三月，我因為疫情的關係，暫時離開美國回到台灣，在台灣完成這學期的線上課程。十四天之後，我搬到台中西區向上路的一間義式餐酒館樓上，成為出租房客。

有天晚上，樓下義大利餐館快打烊的時候，我在與義大利老闆／房東聊天，遇到了「菜菜」。她是越南新二代，跟我一樣獨自一人辛苦地賺著自己的大學學費。我們相談甚歡，交換姓名跟聯絡方式後，她驚呼：「劉育瑄！你就是劉育瑄？我一直在看你跟劉千萍的文章療癒。」

那是我第一次在生活中偶遇一位新二代，她告訴我為了療癒，她反覆讀我的文章。

但她也告訴我，她讀千萍的文章多一點。因為我的文章裡透露著很強的憤怒、痛苦，對已經感到憤怒跟痛苦的她來說有時太超過了。

為什麼選擇從痛苦出發？

不少朋友、編輯旁敲側擊對我說過：「育瑄，你之前的文章太憤怒了，讓人感覺不是很舒服。」

剛開始，這些評價讓我很生氣，甚至還有感到失望，伴隨著強烈的孤獨感。對當時的我來說，一開始書寫的動機就是因為想讓我自己和家人的痛苦得到一種承認。如果我不該怪我的父母，不該怪社會，難道，我只能怪自己了嗎？

在台灣，人們還不習慣談論種族、階級和歧視。在不知道我媽是「外籍新娘」以前，人們會在我面前說著讓我很不舒服的話，或者嘻笑模仿著口音。偶爾我鼓起勇氣告訴他們：「不好意思，我媽是柬埔寨人，你這麼說讓我覺得不舒服。」

他們總說：

「我開玩笑而已，不要當真嘛！」

「又不是在說你，你在大驚小怪什麼？」

「你，跟外勞又不一樣，你以後一定是上好學校、做好工作，不會有人看不起你啊！」

又或者是：

「外勞就真的很壞吼，我家親戚的外勞都結伴逃跑。」

「台灣哪裡有歧視？我們就是一個多元移民國家。」

當我聽到這些本質上不承認我和家人苦痛的言論，感到很難受。當人看到他人受苦時，自然而然有一種憐憫心。當一個人的痛苦不被承認，其實代表他沒有被當成人，被認為不會痛、不會難過，自尊也不會受傷。

自小，我就知道我父母賺多少錢。小時候，約十年前，我的媽媽當時在雞肉工廠工作，時薪九十五元。若遲到或請假（事假、病假、小孩生病……），當月的一千塊全勤獎金就沒了。若早上打卡遲到超過十分鐘，也扣當月全勤獎，還要被扣掉一小時的薪水。

如果不吃工廠提供的午餐便當，那天能多領四十五元的午餐津貼。若答應晚上加班三小時，則能領「高額」加班費共四百元。隨著時間過去跟勞基法的與時俱進，更嚴格的勞基法反而讓某些中小型工廠的老闆，更努力、更有意識地去壓低成本跟規避法規漏洞。我媽近幾年的幾份工作，若不算上各種神奇名目的「津貼」（所謂津貼就是有各種理由會被扣掉的錢，但是帳面上就可以達到法定最低月薪的數字），時薪僅平均八十八元，甚至比十年前雞肉工廠的九十五元還要低。

我某次偷聽到她跟我爸說：「早上賺錢是為了買菜、下午賺錢是為了付帳單，每天晚上加班三小時是給劉育瑄讀書。」加上她童年戰時衣食、安全皆無保障的陰影，苛刻的老闆，和太早懂事的女兒——我，造就了她幾乎不在我的生活裡，而是拼命的工作。我在學校發燒不敢讓老師知道，我告訴她家長會、運動會、甚至我的畢業典禮都不重要，不需要來。

「我知道妳要是來了，薪水會被倒扣的。不用來，沒那麼重要。」這是十歲開始，我會三不五時跟我媽說的話。

從她拿到台灣身份可以合法工作，一路到我拿獎學金去美國念大學並且幾乎達到經濟獨立，這近十五年的時間，她幾乎每週有六天，從早上八點到晚上九點在工廠，回家之後女兒早已睡去。她沒有力氣在下班之餘教我廣東話，我長大後，用她犧牲一切換來的錢與資源，成為了一個符合台灣社會標準的好孩子：懂事、會念書、會講國台語、沒有學到我媽的吃鴨仔蛋或口音等「陋習」。

這樣勤奮工作的媽媽，卻在打電話去彰化縣政府問，女兒國中去臺中念私立學校的話，能不能繼續像國小一樣，領身心障礙子女註冊費補助時，得到對方一句回應：「沒有錢就不要把女兒送去有錢人的學校。」

當時我偷聽到時的憤怒，並不是單純的憤怒，而是因為那種無法解釋的強烈不捨、哀傷，最後轉為憤怒：為什麼我做不了什麼改變？為什麼人們不承認這就是歧視？難道這些痛苦跟歧視是我們憑空想像出來的嗎？

所以我的寫作剛開始很長的一段時間，主旨都是這樣的：痛苦就是我重要的一部份，可是就算這樣，我還是跌破別人的眼鏡，挺過來了。因為只要我夠優秀，我和我的家人就能被當成人；只要被當成人，我們的苦痛就不是白苦了，人們會願意承認的。

當時我跟我家人所想要的，竟然只有希望有人告訴我們一句：你們辛苦了，真的辛苦了。這不是你們想像出來的，是真的。

好啦，我沒有那麼偉大，我還想要更多，我想要拿回我的國小畢業典禮。我想要能帶著我媽回到過去，把錢付給我媽老闆，讓她可以放心請假。若回到過去，我會指著台上的我，給我媽還有家長看，告訴她們小時候的我是為了給媽媽爭面子讀書的。接著告訴他們，無論有沒有那張全班第一名畢業的獎狀，各個叔叔阿姨們都該像個平常人一樣的尊重我媽。

只因為我媽不偷不搶，在各種工廠裡，給台灣的小學生做過便當、給台灣的超市們做過冷凍炸雞排、還給台灣家家戶戶的門做門鎖、電器零件、水龍頭。台灣人習慣怎麼友善對待臭豆腐攤的老闆，我媽就值得相等的對待。

然後我還會利用這個回到過去的機會，去賞我媽的曾經的老闆一個巴掌。誰叫他颱風天停班停課，還要我媽去上班到工廠停電為止。我媽原本能加入我爸跟我，在停電的家裡點蠟燭一起下棋說笑。「老闆。請把我媽還給我。」

從痛苦作為唯一身份，到痛苦只是我的一部份

對我來說，與自己的身份和解也好，與那些所謂的痛苦和解也好，當然

是一個我得持續去練習的事情。現在當然好得多了，當再有人因為不知道我就是東南亞新二代，而就在我面前說「這些沒能力養好孩子的低社經地位父母，生了也沒辦法養」這種話，大部分的時候我只會聳肩微微一笑。我知道他們沒有惡意，也知道他們只是無知。

但偶爾，我還是會難過一下，並替我的爸媽感到不捨。原來社會上有種聲音，覺得他們心愛的寶貝女兒根本不該出生，並認為他們沒辦法好好把我養大。

「難道對社會來說，我不該存在嗎？」這種誇張的想法，有時我也會有。但我不斷的練習告訴自己，沒有誰「應該」或「不應該」存在。每個人都只是起床、工作賺錢，試著換得食物，活著，和過平凡的日子罷了。

有朋友誠心建議過，或許在我達到完美的和解，可以完全不散發任何痛苦和負能量為止，我該把這本書的書寫暫延。她很擔心這樣會影響到我的作品品質，也憂慮我會給讀者、無論是台灣人或是新二代的影響。

我不這麼認為。我不該隱藏我偶爾仍有的痛苦，我能做的是，在意識到我可能給讀著帶來的影響的同時，試圖去解釋這些經歷和感覺。是，痛苦是我的一部份，但不是全部。我不想永遠在解釋我和家人的負面遭遇，我想做的是讓大家知道，我和爸媽到頭來，也只是會哭、會笑，並腳踏實地在台灣這塊我們愛的土地上，努力生活的人。

我希望我的書寫能達到拋磚引玉，之後會有各種新二代的創作。無論他們的父母來自東南亞國家或歐美國家，無論他們會不會說母語，長大在什麼社經階級，做什麼職業，他們都能用不同於旁人、更有趣一點的方式，講任何他們能給這個社會分享的事物。

從痛苦開始書寫只是一種手段，我希望的是，在未來所有的感受、經歷，都能被安心分享出來。自小我就喜歡聽故事，今天就算我不是新二代，我還是希望在台灣社會裡，所有的故事都能被大大方方地分享，那才是我書寫的價值。

廣東 vs 柬埔寨：我紮了根的廣東認同

我學廣東話到現在已經六年。雖然我的英文仍說得還比廣東話好，我的廣東人認同已經快跟台灣認同同等重要。對廣東人來說，喝涼茶（台灣叫苦茶）可以治百病，雖然在台灣長大，我並沒有被我媽涼茶對待。但在我腦海裡，我有一個喝涼茶長大的平行人生。我在廣州街頭看到涼茶舖，腦中竟然能浮現小時候我喝涼茶，苦不堪言的童年記憶。這個記憶並沒有實際發生過，但對我來說特別的真實，並且有種回想起童年往事的溫暖。

近幾年，我開始在生活中認識更多東南亞新二代，所以我有人、有資料和知識去了解，在台灣長大的東南亞新二代的經驗。但是我作為半個廣東人的身份，幾乎只能自己找。我買香港中文大學的課本自學廣東話、我上中國的社交媒體看廣東的年輕人都在談論什麼、我到廣州住兩個暑假。我在美國大學修海外華人文學課，與在世界各地長大的華人同學，一起讀香港、台灣、馬來西亞、新加坡等海外華人文學作品，探討香港文化與認同的特殊性。我學著自己煲湯，在火爐邊顧兩個小時，煲給我身邊重要的朋友們喝。我告訴他們，好喝沒什麼秘訣，就是耐心照看兩個小時，食材純粹不加調味料，還有愛。

當我可以看暱稱「子華神」的香港 Stand-up comedy（脫口秀）開創者，黃子華的廣東話表演大笑的時候，我也不再執著我的廣東話還是很差、口音還是很重的事實了。

香港與彰化

高三剛考完學測的我，第一次自己搭飛機，去了香港。「俾我一碗紅豆雙皮奶，唔該。」（給我一碗雙皮奶，麻煩了）在夜半三更的香港深水埗的糖水店，用很破爛的廣東話，點了甜點。雙皮奶、雙皮奶，我在陪老媽看港劇的過去幾年裡，男女主角常在夜半肚子餓時，一起到街邊糖水店吃。想了幾年，我終於吃到這看似奶酪的甜點了。

在廣東話、或者香港，其實點菜時有沒有加最後的「唔該（麻煩你了）」一點差別都沒有。有時候我在台灣說出這類廣東話文法的句子，就會意識到自己聽起來很冷漠、沒禮貌。常常，我會跟店員說「一個電池，謝謝。」而不是「小姐不好意思，請問你們這邊有賣電池嗎？」

二〇二〇年三月，因為疫情回到台灣，甚至到現在，我說國語的時候，人們聽了都覺得我是ＡＢＣ。但事實上，我只是想壓抑我的廣東腔、中國口音，以及這些腔調說話時所用的文法、習慣用語，我想聽上去只像一個台灣人，不知道的人聽上去，我卻像一個中文說得很勉強的ABC。

現在在台灣，人們常在我剛說完「你好，我叫育瑄」之後，就問我是哪個國家的人。甚至會問我「那你這次『來』台灣，住在哪裡？」常常我會莫名的受傷。因為腔調、口音，甚至是我在說話時會不自覺帶上的美國手勢，已經沒辦法讓我長大這個地方的人，在心裡範圍內把我跟他們畫成一群人了。「我這次『回』台灣，沒有住彰化父母家，在台中租房子。」我試著補救。

就算我很開心我現在對於廣東文化的學習，已經熟悉到能自然地向別人說出我是半個廣東人的程度。但如果要讓我在「很廣東」跟「很台」之間擇一的話，我還是寧願能在用台語跟市場老伯「練肖維」的時候，得到對方嘴角還掛著檳榔渣的讚賞燦爛笑容。

因為我們彰化人一向愛鄉土，自古產了多少革命鬥士和鄉土作家。無論我們跑到多遠打拼，心裡想著的都是家裏巷尾的那攤爌肉飯。

或許聽起來很濫情，即使在過去幾年的遊歷中，看過紐約的現代繁華，巴黎街頭有露台的奧斯曼式公寓；每次我回台灣，下了彰化交流道，看到一整片醜不拉嘰的灰色工廠，還是會瞬間爆淚。

計程車司機從後照鏡偷看我，我破涕為笑地看回去，說：「啊你今天生意咁好？在我後壁擱有人客某？」

我先是彰化人的孩子，才是廣東人的孩子。

廣州

因為有在廣州讀大學的朋友，以及我們都很愛廣州，我去年跟前年都各在廣州待了兩個月。

廣州與台北不一樣，台北的右半邊跟南邊都是山，沒有太大的擴大空間，頂多是經濟上跟接著的桃園漸漸連了起來。廣州市隨隨便便就能在市內高速公路上連續開車一小時，仍在廣州市裡。

廣州有世代在廣東長大的廣東土著——廣東年輕人都這麼開玩笑喊自己。特別是只要我聽到一個人說他家在廣州越秀區或者荔灣區那種已有千年歷史的老城區，我都會開玩笑地喊他們少爺或是小姐。

這裡也有從中國各地剛畢業、懷抱夢想到這個巨大城市的年輕人，晚上住在月租五百人民幣的城中村，白天擠上簡直不人道的地鐵三號線，到商業中心的天河區裡，現代氣派到不真實的辦公大樓上班。

廣州有許多農村、山裏或其他內陸省份的爸媽，把孩子寄在爺爺奶奶家，來廣州打工的大批人口。有些阿伯裸著上身，用腳踏車拉著一堂小三輪車，上面寫著超過十種技能：搬家、修窗戶、水電……沒接到活幹的時候，他們就一起聚在樹下泡茶、下棋，用自己的左手幫右邊肩膀按摩，再用剛被自己救活的右手用力地搥打著自己的大腿肌肉。

我喜歡廣州，就算廣州正以一種無法想像的速度成長、擴大，它還保有這些我一個台灣人會欣賞的、溫暖的小東西跟人。「正佳廣場」是一個浮誇的建築物，是裡面同時有植物園跟水族館的超大型百貨公司，對面街區的小巷裡卻還有十塊人民幣就能解決一餐的小吃店。廣州的有錢人也不炫富，一個穿汗衫跟拖鞋的老伯，可以是要去公園運動，也可能是在去收二十棟房子房租的路上。

廣州講什麼口音、方言的人都有，幾乎沒有人問過我是哪裡來的。對廣州人來說，只要我也喜歡吃銀記腸粉的韭王鮮蝦腸粉配上一碗艇仔粥、同樣喜歡吃吳財記的竹昇麵跟豬手撈麵、同樣也對地鐵三號線又愛又恨，我就是跟他們一樣在這裡生活的人了。

柬埔寨認同 vs 廣東認同

作為一個在彰化市說台語的工人家庭長大的孩子，我到十五歲以前超台。我不知道什麼關於我媽的事，我媽在我生命中的角色很符合一個傳統的台灣媳婦：她工作、她做飯給我吃、她確保我的三餐溫飽與衣服穿暖。她不太說自己的事，也不太跟我談她自己的感受。對我自己來說，我只是一個有外國媽媽的台灣孩子。

所以，當我開始我的身份認同與文化學習之旅的時候，我把我媽的身分拆成兩半：柬埔寨與廣東人。

柬埔寨的方面，我開始去看、去學習，在台灣的東南亞人口怎麼生活、背後經濟和社會原因。我媽認為自己是在柬埔寨長大的廣東孩子，所以與其去了解關於柬埔寨的一切，我只是去學著感受它在東南亞長大的感覺和經驗。她說小時候的她能吃掉一大碗的越南米線，所以我去學著吃掉一大碗我根本吃不完的越南米線。我從一個不會吃辣的台灣孩子，學著餐廳旁邊的越南移工姊姊，用鬆餅上淋蜂蜜的方式，淋上辣醬，並把整碗公的米線連湯都裝進嬌小的身體裡。

她讓我知道在柬埔寨紅色高棉掌權和越戰之後，柬埔寨和越南都民不聊生，華人們會到海邊浸泡海水、上海灘曬太陽，反覆把自己曬黑，偽裝成當地柬埔寨人或越南身份之後，會更容易用難民庇護逃到西方國家。我不去質疑這種曬黑方法到底科不科學，但從此之後，我在歐美國家遇到的東南亞華僑，我都特別好奇他們的父母那輩是用什麼方法、什麼假名字移民到歐美國家的故事。比如說，我一位法文教授很驚訝，為何我猜得出她的姓是假名字、她家人是東南亞華人。

我說綜合幾個線索：一、你很驚訝我的母語是中文，卻發得出法文的R，你說你老爸連在法國四十年卻還做不到。有可能你爸是華人第一代移民，你的姓卻不華人。二、你的博士專業是研究法國在越南殖民所造成的影響跟東南亞／華人在世界的移動。三、你特別驕傲你自己是南法人、有法國南方口音的這件事，我的經驗告訴我，新二代常常會特別以自己能融入自己長大的國家為榮。

她說當時戰亂的時候，她身為華人的爺爺奶奶以海外華僑的身份，申請了中華民國國籍，現在仍在台北。爺爺奶奶仍然很生氣他爸娶了一個寮國華人混血老婆，而不是純華人。她的爸爸一直很驕傲自己是華人，不過為了逃亡，就偽造了一個寮國姓氏，移民到了法國。

她試過暑假去台北的爺爺奶奶家，她只會說法文跟寮國話，爺爺奶奶一個夏天都讓她住在台北的地下室，不跟她聊天，只用寮國話叫她做家事。

我媽柬埔寨的部分，我比較像是用一個了解社會現象的心態去學習；而我媽的廣東人部分，我則是用自己怎麼學習「我的台灣認同」去學習。

我跟我媽都各自有個廣州夢跟一個香港夢。香港夢是因為她小時候在街邊看電影，看了不少香港老電影，裡面講著香港多麼現代繁華。廣州夢則是，在過去幾百年、甚至幾千年的大廣東地區，年輕人多有一個廣州夢。廣州自古就是民生富裕的大城市、並且與國外通商。年輕人想著，要是能去廣州打工，拼一把，或許能衣錦還鄉（可參考港劇《自梳女》）。大廣東地區的方言其實很多，並不是所有人都說「廣東話」，有人說順德話、客家話、台山話……古時候的年輕人，搬到廣州，學說完全不懂的語言，只為了拼一把。

我媽只知道他爸媽是廣東人，卻不知道是廣東哪裡。我們只能一起想像，當初我外公外婆逃往柬埔寨的時候，是從廣州的珠江出發（也很可能不是）。

對我來說，作為台灣人，代表著我承襲著台灣祖先的歷史：我的祖輩是福建沿海貧困的居民，窮得什麼都沒有，但願意冒險來台灣建立生活。台灣人重視人與人之間的互助溫暖，台灣人能吃苦，台灣人就算歷代被殖民，還是艱苦的活下來了。現代社會的價值在於，我們過上了不錯的生活，但我們仍記得從前貧苦的日子。人們對餐廳服務生友善，因為父母都記得自己在台北讀大學的兒子，也在餐廳打工。人們對工人和工匠敬重，因為我們記得一兩輩之前，幾乎所有台灣人都是農民和工人。我對過去有共鳴，也喜歡我們現在所認可的價值。

現在對我而言，作為廣東人也一樣。廣東雖然自古來說算是物產豐碩，但有很多區域因為土地和地形的關係，生活過得貧困。不少廣東人很有生意頭腦，他們看到機會、看到未來，就有著勇氣移民到國外，開始全新的生活。美國第一批去參與跨北美大陸鐵路建設的，幾乎都是廣東人。廣東區域距離歷代的中國北方的權力中心很遠，沒有太多傳承下來的貴族特權，於是勇敢冒險。清朝留美學生最後幾乎所有學生都是廣東人家的孩子，其他省份沒有什麼有頭有臉的父母，敢冒著不讓孩子考科舉的風險，去接受西方教育。

廣東人跟台灣人一樣，每天的幸福在於吃美好的街邊小吃。我們的父母都習慣用食物表達愛。大致來說，我們都在生活富裕了之後，記得從前祖先的辛苦，所以待人溫暖，也知道炫富是件很荒謬搞笑的事。

我的媽媽總說我們廣東人這樣、我們廣東人那樣。在柬埔寨金邊的河邊公園，發現想向我賣鴿子飼料的大姐是廣東人，便跟她聊了好一會。她兒時戰後頭到越南，在市場做小生意餬口。後來發現對面攤販的阿姨是越南廣東人，阿姨便收留了已成孤兒的她跟哥哥一陣子。

或許剛開始我學習關於廣東人的一切是為了我媽，但後來漸漸的，因為我喜歡。把我自己看成一個廣東人後代的話，我可以在長遠的過去時間，跟寬廣的世界空間，都看見自己族群努力的生活和移動的影子。

或許再過幾年後，我的答案會變。現在我覺得，我對於我東南亞新二代的身份探索，是為了與自己的成長經歷和解。但我對於廣東人身份的摸索，是我得到的一份禮物。因為這份禮物，我知道了我承襲了廣東人的歷史，而這個歷史的上一輩，沒有人能質疑，就是我媽。

兒時，人們總不相信我是我媽的女兒，或許我媽看著很台的我，也不覺得我不像她的女兒。

現在，我確確實實的是她的女兒、一個廣東女人的女兒。

對於新二代優勢的常見三大迷思

新二代因為有混到血，所以比較聰明嗎？

新二代天生有雙語和雙文化優勢，是台灣不可多得前進東南亞人才？

答案不該是簡單的是或不是。

然而，我問我自己，作為我媽的女兒長大，我的哪些優點是我媽媽帶給我的？比起社會一般認為的，「什麼才是新二代的真正優勢呢？」

一、聰明的混血兒 vs 強大的學習力

新二代到底是因為混血而變笨，還是因為混血而變聰明？簡直是個亙古

難題。

有人認為新二代之所以「普遍」表現不好，是因為他們來自「落後」國家的母親把他們教笨；也有人認為，那些在報紙頭條裡，成績優異而保送台大的新二代是因為有混到血，都聰明絕頂。

事實上，身上流什麼血跟聰明才智一點關係都沒有，大部分還是後天影響。

我的學習力強的原因，與血緣沒有關係，而是因為生存的必要。為什麼呢？自小我學什麼的速度都快，不只學珠心算快，學折紙鶴也快。什麼上網訂高鐵票，看懂保險保單、跟老媽講解醫學檢查報告都難不倒我。（不知道為何小學沒有任何生物知識的我，看著報告可以總結出，白血球如果太少免疫能力就不好的結論，請不要模仿亂給自己的爸媽醫學建議……）因為如果我不用最快的速度融會貫通這些知識，我們家裡就沒有人知道這些。

「我和你老爸就靠你了。」我媽常這麼跟我說。

從小到大只要是去銀行或手機行辦事情，我總是第一個走向櫃檯，跟櫃台另一端的人解釋我爸媽需要辦什麼服務的人。我看過我爸媽在被質疑、甚至大小聲，為何不懂一些普通人應該知道的知識時，比如說是要約定轉帳還是非約定轉帳，難過無助的樣子。所以我需要成為那個擁有「基本」知識，能替為他們換取「基本」尊重的那個人。

所以，新二代的真正優勢不是因為有混血所以比較聰明，而是因為成長背景，所養成能帶走一輩子的強大學習力。

二、雙語優勢 vs 對於語言的好奇心

有些人覺得，新二代會自帶雙語優勢，長大後都是能為台灣謀福利，前進東南亞的優秀人才！

然而，新二代並沒有絕對的語言優勢，由於僅憑母親一人提供母語環境太過困難，況且學習媽媽母語通常是不被台灣爸爸這邊的家庭所鼓勵的。不少新二代跟我一樣長大後只會講國語／台語，對於母親的母語一知半解。除非家裡是經營東南亞相關的小生意，或者家裡有條件每年暑假把小孩送回外婆家玩兩個月。想想看現在的台灣年輕人有多少無法流利使用台語表達自己？更何況是新二代在台灣不常能聽到、電視也沒有的越南語、印尼語呢？

從國三到現在，我接觸過的語言有：英文、西班牙文、挪威文、廣東話、法文、越南文，雖然學得比較好的只有英文、我媽的第一母語廣東話和一點法文。現在回想起來，我對於語言學習的興趣與好奇心，來自於我媽。

因為即使戰爭失學，卻仍能說五種語言的媽媽讓我知道：

在遍地都是至少雙語人才的柬埔寨，如果你不會第三、第四種語言，「誰要請你上班？」；當她戰後跟哥哥流落到越南時，她飛速地學會越南語，才能在市場惡霸吃她賣的餅不付錢時大聲追討、才能在市場買菜的時候拿到折扣不被騙；因為她會說廣東話，才發現她在越南市場賣餅的對面，她每天都會用越南語微笑打招呼的攤販老闆娘，其實是廣東裔越南人，後來在動盪的時期收留了他們兄妹一段時間，他們得以結束白天各自上班，晚上拿個一個鐵鍋跟一個草蓆找地方睡的日子。

對我媽來說，當先天條件與資源比不上別人，有沒有勇氣、願不願意下苦功多學一個語言，決定了一個人能不能替自己開更多的門，甚至在戰後的動亂時期找到了一個夜晚可以遮風雨的屋頂的生存工具。

至於我媽，離開戰後暫時流離的越南已經三十多年，我媽的越南語當然大大退步，口音也非常明顯，說得不是很道地。但不妨礙她每次去越南理髮廳的時候，左一句稱讚老闆娘理髮師「Người đẹp 美女」，右一句祝老闆娘「希望妳生意好賺大錢！」，然後還一起叫隔壁的越南河粉外賣，在理髮店裡吃。

曾經救過她命的越南語，現在則讓她的生活，比不會越南語的人，再有人之間相處的溫度一點。

所以，與其說新二代的優勢是自帶的雙語力，不如說新二代明白：會說更多語言的人，才能抓緊更多的機會、才能懂得其他有趣的生活方式。所以即使知道學任何語言都要下苦功，對學習語言仍有強大的好奇心！

三、雙文化優勢？是對待不同的人的仁慈與溫暖！

在戰亂和戰後民不聊生的柬埔寨生存下來的我媽，難免有種處處提防人、與貪小便宜的心態。對在那樣環境長大的她來說，是生存的必須技巧。

以前我總受不了她總是疑神疑鬼，深怕如果把剛買的東西或安全帽留在摩托車上就會被偷。也總在她連在連鎖店，都試著殺價的行為，感到很不好意思。然而，我那位如果忘記自備購物袋，會為買塑膠袋花的一塊錢惋惜好幾天的老媽，竟然對他人大方很多。

她常在市場買麵條或饅頭，或到東南亞超市買榴槤餅時，多買兩包。「要給工廠那個年輕的泰國阿弟仔，他很乖一直賺錢，每個月才留兩千塊飯錢，其他通通寄回去給家人。」媽媽三不五時買吃的給他，給的時候還體貼的說是親戚送的，太多了吃不完！年輕人吃飽好賺錢！

還有一次，我跟我媽還有她同事在週末去吃越南菜，突然她對一個端菜的年輕人意味深長地笑，對，超詭異那種。然後對方也是淺淺一笑，然後做出一個拜託的手勢，就繼續回去廚房忙了。

我媽才跟我說，那是他們工廠的越南年輕人，剛來沒多久，很拼，假日到餐廳端盤子多賺一點。在他們剛剛的眼神交流中，他們竟然達成了老媽不會跟任何工廠其他人提在餐廳看到他的共識！

「到底誰那麼壞會去檢舉他們？又沒有搶到台灣人的工作！難道讓一個台灣人來越南店端盤子，包春捲，他們做得來嗎？」從小在動盪不安的環境下長大的老媽知道，犯法的人不一定是壞人，他們常常只是很不幸的，活在一個無法讓他們做「合法公民」，就能豐衣足食的社會而已。

耳濡目染之下，我也成為一個對看似與自己不同的人，用溫暖相待的人。

高中住校的我，每週五都要搭火車從台中回彰化。那天的南下月台上，有幾個台灣人跟一個站務人員，圍著一個年輕越南姊姊，拼命的用英文在解釋什麼。

我笑著對她用手勢示意跟我走，然後比著車，大概我是高中生看起來很無害，而且她沒別的選項了，就有種溺水抓到游泳圈的樣子跟我走。

上車後跟她聊天，我才發現她幾乎不會英文，反而中文會一點（雖然很破）。站台上熱心想幫忙的人，看她中文不好聽不懂，就拼命地用英文解釋，反而沒有注意到，其實用中文慢慢講加上比手畫腳，對她比較有幫助。才想起在我還太小，不能成為我媽依靠時，那些願意用很簡單的國語跟台語，比手畫腳跟我媽解釋台灣這個對他來說完全陌生的地方的，街頭上友善的台灣人。而在我讀書識字之後，我也承接了這個替我媽用簡單言語解釋的工作。

因為我媽的緣故，我才長成了一個會用仁慈看人，而非一味用偏見評價我所不熟悉的人事物的人。

迷思背後的真相

我媽媽所教給我的最大優勢，是告訴我，文化跟生活方式有很多種，我完全無法理解、無法想像的也有。沒有哪個長相、哪個口音、甚至哪個教育程度的人比較高級。一個人的人格是否高尚，甚至不一定跟他見過的世面多廣有關係，而是在他面對不了解的人時，能否用溫暖的態度，把對方當成跟自己一樣的人看待。

這幾年，台灣社會與媒體從政府的新南向政策開始，對於東南亞新二代突然有了高度的關注。刻板印象和媒體論述也從二十年前的「落後國家媽媽＋低社經地位台灣爸爸＝弱勢新二代」，變成「混血＋雙語雙文化優勢＝替台灣前進東南亞的聰明優秀人才」。然而，這樣子一分為二的看法，是不是太把新二代簡化成一個工具，而不是一個跟其他台灣孩子一樣，在台灣長大的有血有肉、有夢想的台灣年輕人了呢？

為什麼新二代對台灣的價值，取決於是否拉低一個學校班級的平均課業表現、和是否能為台灣帶來經濟效應？

我所認為的新二代真正優勢：強大的學習力、對語言和文化的好奇心、溫暖待人的價值觀，如果這些成為在台灣人人都有的能力，那對台灣來說，才會是最大的資產吧！

別把我當工具：新二代採訪指南

自從二〇一五年我開始在網路上發表文章之後，陸續接到不少採訪跟演講邀約。我覺得有些基本的原則還是要講清楚，既然這是台灣第一本新二代作者專門談論自己東南亞新二代經驗的書，我想也必須好好利用這個機會，省下其他新二代未來會遭遇到的麻煩。

在訪談或演講邀約裡，幾項讓我感到比較不舒服的常見問題：

一、把我當成一個寫報告、申請研究經費的工具，而不是真正對我這個人或我的經歷感興趣

很多人沒有做足功課，只是覺得這個新二代／東南亞／新移民／移工的主題，最近幾年很夯。在 Google 上偶然找到我，接著就私訊問我，是否可以接受大學報告／報章雜誌／專題企劃的採訪；或者是為了某種東南亞志工團做行前文化準備。這些邀約的訊息裡，通常不長，且常見字眼竟是：「專家」

「得知您是柬埔寨文化的專家，能不能給我們做柬埔寨文化歷史訓練？」

「您在闡述新二代經驗這方面是專家，不知道能不能讓我們採訪做作業？」……等等。

首先，我並不是「東南亞文化」、或者「新移民議題」研究的專家。我只是一個在台灣長大的孩子，單純在網路上發表一些文章罷了。如果信件或

訊息開頭這麼稱呼我，很明顯，這些人根本連花一分鐘看作者介紹的準備都沒有。甚至連已經公開發表的文章都沒讀過，只是需要一個像我這樣有東南亞血緣的人，來完成他們的專案。

起初，我幾乎來者不拒，盡量幫忙。後來發現這些人做出來的成果，其實無論是採訪我、或者其他新二代，結果大概都會一樣。他們需要的只是把我的名字跟身份放上去，佐證他們已經預先設定的論點，並不是真的需要我的看法與人生經驗。

時間久了，我就會選擇性推掉一些邀約。或許推薦他們能研究的面向、或者推薦他們一些能去認識的人、相關組織。

誠意。

誠意跟真心很重要。對我來說，或是甚至很多一輩子不敢開口談自己生命經驗的新二代，我們沒有義務在這種情況下，鼓起勇氣幫忙。如果能對自己的家人，某層面帶來長遠的正面影響，那還好。若淪為這種走形式過場的採訪，還是能免則免吧。

二、訪綱非常隨便，問題寥寥數行，非常空泛。或甚至是已經有個預定的假設劇本。

不少人不做功課，問一些網路上就能找到，甚至是在我已經發表過的文章中就回答過的問題。

最誇張的一次，我遇過一位有某國外知名大學博士學位的教授，訪綱只有四行。而且訪綱的開頭，還留著「教育部某某計畫經費申請」的標題。而且在她請我們雙方共同認識的人要到我的聯絡方式以後，就沒有再聯絡我。實在不是很有禮貌……

問題空泛，比如「你覺得新南向政策對於台灣的文化、政治、經濟有什麼影響跟矛盾的地方？」有時間的話我是能好好跟你分析我的想法，不過可以具體一點嗎？網路能查到答案的問題，就請不要拿我當字典。如果網路上沒有政府部門所給的議題分析，那為什麼我該回答這種總統等級的人該回答的問題？

至於假設劇本，大部分的人都想要這樣的故事：有一個新二代，她一輩子飽受困難痛苦，但最後還是成為了很優秀的人。「你成長中最大的困難是什麼？」，這個問題幾乎每個人都會問到。

說實話，我成長中最大的困難就是：為什麼當我覺得我活得沒有什麼困難的時候，人們會拼命地以一種救世主的心態，一廂情願憐憫著我和家人。但當我父母遭遇到真正困難的時候，比如說因為口音而被歧視、或因為教育程度低而教錯我知識跟國語，就很難得到同等強度的「憐憫心」。

三、找我只是因為Google搜尋後第一個跳出來的名字是我，卻沒想過去找身邊的同學或街坊鄰居

這一點倒不是說會讓我覺得不舒服，而是我會覺得很可惜。其實只要仔細留意，每個人身邊到處都是新二代跟新移民。當然，若有人想更進一步認識我，知道我的人生故事，我很欣慰。但我會更樂意，如果人們能試著去跟自己家門口越南小吃店的老闆娘聊聊。通常他們都來了台灣十年、二十年，國語很好，台語更是能說到幾乎沒有口音的流利。

或者問問自己的朋友，那些有一個移民父母，卻沒有跟你分享過他的成長經驗。多一個了解自己朋友的機會，不是更好嗎？

我理想中的邀請

二〇一八年十月某日，我收到了這本書責任編輯很長的訊息，說看到我發表在天下獨立評論的文章，想找我出書。我當下第一個反應是，讓我睡個午覺，醒來再搞清楚到底是什麼情況。

我們約好在出版社聊天，我問他，為什麼找我？他說，他在第一次看完我的文章後，尋覓我的個人聯繫方式，找了整整四個月，才透過一個知道我在台中「一〇九五，東南亞文史工作室」實習過的女生，牽線找到我。

「我做編輯之後都是編輯一本已經先有想法或題材的書，從來沒有從零開始談理念，從頭開始做一本書。」

「我讀了你的文章之後，覺得很感動，雖然你目前的稿量不是太多。可是，我想看下一篇啊！」

就為了看下一篇，當然還有對於議題市場的評估，他就這樣找我找了四個月。我的責任編輯沒有東南亞新移民的家人，但他說，他看到我父母跟他父母一樣，都是一心為了生活、為了孩子，他就知道，那是無論族群，我們身為台灣人都共有的情感。

這對我來說，就是理想的邀請。有沒有金錢、商業和名聲的利益在裡面，我其實並不在乎。重要的是錢、名聲、報告或者研究成果，對邀請我的人來說，是目的還是手段。這個問題在英文叫做 Means（手段）and Ends（目的／結果）？看似差別不大，但在想法上一點點的差別，就會大大影響到一個人所選擇的行動，和產生的結果。

比如說民主。有些獨裁政權把民主當成手段，所以他們會有某種形式的選舉，但目的只是為了能增加他們獨裁決策的合法性。而一個真正的民主國家，則是把民主當成 Ends，這類的國家會把人們最終是不是能過上民主所答應的理想生活作為目標。

有些議題推動者，或者非營利組織工作者，很害怕談錢或者商業模式，覺得一談理想就髒了。我倒覺得，這些可以當成手段。錢只是交換的媒介，重要的是做有價值的事。更有價值的事通常能換到更多錢，而更多的錢在適當的方法下，能幫助創造更多的價值。

我的編輯在本書洽談到現在將近截稿的兩年間，非常尊重我。有些時候我寫入的家人所說的話，並不符合一般台灣人國語的習慣文法，他會允許我保留，而非跟其他編輯一樣直接當成錯誤修改掉。

若是有過於情緒化而不適當的段落，他會問我，「育瑄，你真正想跟讀者傳達的是什麼呢？」並跟我商量有什麼更有效的書寫方式。

當我因為學業、打工跟家庭事件忙得焦頭爛額，將近崩潰的時候。他又再度給我了休息的時間，即使截稿日期已經一延再延。「我相信真心在乎作者的編輯，才能跟作者一起做出最好的書。」

相較之下，我一個新二代朋友就有過一次不好的經驗。曾經接了某組織的某企劃。不管她舒不舒服，只要有話題性的，就算是揭她家庭傷疤，也會仗勢著「當初在合約寫明得配合接受一切採訪」，想要最有效率的挖出最大的話題性。

如果今天只能讓想採訪新二代的人們帶走一句話，那就是：

「我不是你的工具，我是一個有血肉、有淚水、有歡笑的人。」

結語：

對新二代們和過去的自己說的話

我希望再早一些，我就能在生活中與更多的你們認識。不是為了能聚在一起訴苦，或者談論有關於身份衝突的深奧話題。

我只是希望長大的過程中，我能知道，自己不是一個人。我們可以一起笑一笑彼此第一次嘗試移民爸爸或媽媽國家的食物時，辣到拉肚子、或者當場吐出魚露的故事。一起分享有些詞彙不小心講成母語，卻引得幼稚園小朋友哄堂大笑的故事。

在各種台灣社會以及價值觀，與我們家裡的觀念有所矛盾的時候，我能知道，這不是誰的錯，這只是一種普遍的社會現象罷了。

要是我能早點知道以及認識你們就好了。

當我開始在網路上寫文章的時候，甚至到現在的大部分書寫，我的目標群眾都是沒有專業社會科學知識的普通台灣人。我沒有以新移民媽媽為對象寫的文章、也沒有太多對其他新二代說話的文章。因為到此刻之前，我的成長環境讓我很難感受到其他新二代的存在。

有些新二代因為父母是來自較富裕的國家，家人在台灣生活的過程中並沒有遇到過太多衝突或歧視，所以也從來沒意識到自己是新二代。新二代這個詞在近年的台灣，幾乎只被用來稱呼擁有東南亞仲介婚姻來的媽媽，她們的孩子。

對我來說，不是這樣。只要你有一個不是生來就是台灣人的父母，你就會有跟其他台灣小孩一些不同的成長經驗。你可能跟我一樣暑假跟父母回國探親過、可能跟父母解釋台灣的什麼詞彙。你的生活多了一點其他人沒有體會過的，一些不一樣的趣味。

新二代本來的意思，就只是移民生下的小孩而已。

我在彰化市最大的公立小學時，或許是因為學區在市中心、而非工業區或鄉村，新二代學生並不多。國中之後，我到了台中的私立中學就讀。整個年級的東南亞新二代，可能只有我一個。我靠國中三年前半段的成績，拿獎學金直升高中部後，意外知道原來全高一只有我跟另外一個同學，父母只有擁有國中以下的學歷。

大學以前，我生活中的新二代，只有我跟老媽常去的越南餐廳和越南理髮廳家裡的孩子。他們都至少比我小十歲，無法談話。我透過朋友介紹，認識了同個年紀的劉千萍，但或許是因為當時我們彼此都還在摸索自己新二代身份的階段，暗自覺得因為這層關係和對方來往是件不自然的事。

在過去開始書寫的幾年，我開始在現實生活中認識了一些東南亞新二代。我想利用這個機會，跟你們說一些話。一些八年前高一迷惘的我，希望有年紀更大的新二代可以告訴我的話。八年前，我幾乎找不到任何關於新二代的書寫，找不到任何人跟我有相似的經驗。

我既生氣又無力，「難道這一切都是我想像出來的嗎？」「難道真的像一些台灣社會的聲音一樣，我的家庭是社會不該出現的問題家庭嗎？」

你們不用認同我所說的，我只希望你們可以從知道我的存在，就能得到一些安慰。我不代表所有的東南亞新二代，我想做的事情只是想要讓你們知道，你們有存在的價值，你們的故事有被說出來的價值。如果你的故事跟我不一樣，那我希望在你準備好之後，能也能跟人們說一說。

以下這些話，是我希望能回到過去，說給小時候的自己：

1. 你不需要證明自己很正常、很台灣

我從年紀小至幼稚園的時候，就開始有意識要融入大家。

小時候，我家幾乎沒有用國語說過「洗澡」，我們不是說廣東話的「沖

涼」，就是台語的「洗身體」。我唯一聽到「洗澡」的時候，是看卡通，要有一個灌滿泡泡跟有黃色小鴨的浴缸，整個人泡在裡面的。所以我以為洗澡的意思是得泡澡才算洗澡。

幼稚園時，我跟同學說我很少洗澡。同學笑翻了，當下我還不知道發生什麼事，驚慌地說：「我媽說洗澡很浪費水，可是我每天都有沖涼啊！」沒有人懂我說什麼，他們邊笑邊大喊：「老師，劉育瑄很髒，他都不洗澡！」

這件事沒有給我留下什麼不好的陰影，只是這是我第一個有印象我跟別人不一樣的事件。在那之後，我很注意自己說的是不是國語，並有些用力地在我的說話裡加入台語／臺灣國語。一路到高中的時候，我還會沒有意識得過度嘗試使用成語（效果當然很糟），總引來朋友大笑。

回想起來，我只是想證明，我的國語沒有被我媽教壞。

國中的時候，同學在對「那些外勞」發表負面意見時，我聽著雖然不舒服，卻為了融入跟不露出破綻，竟然還試著加入他們的三言兩語……

「對啊，他們都不知道在火車上大聲什麼，每個週末他們都像沙丁魚一樣一車一車被火車運來運去。」我試著開沙丁魚罐頭的玩笑，講完當下我就渾身不對勁。

為了證明自己很台灣，我還對我現在說國語的口音感到非常困擾過。從四年前去美國求學到現在，由於我是我這屆唯一一個台灣學生，會講中文的時候，只有跟學校的中國同學，還有我在廣州的兩個暑假期間。現在我開口，就算我很刻意去注意，還是混著中國腔、香港腔跟美國腔。

二〇一九年年初開學之後，我一整年沒回台灣，到年底寒假前倒數一個月開始，我開始做惡夢。我夢到我回不去台灣了，甚至夢裡還有類似死後審判的畫面。我夢到我在海上划船，當我看到台灣島時，有了一個審判關卡：來，讓我們聽聽看你還像不像我們臺灣人，是的話就可以回來，不是的話就丟下海。

我當時想著，我是一個正在書寫「在台新二代經驗」的台灣人，如果我回家時要這麼說話，不是很荒謬嗎？

以前，我以為我得到的尊重是依靠我比我媽高很多的「台灣化」程度換來的，所以一想到我可能不夠「台」，我就很害怕。我怕台灣人用對待我媽和「外勞」的態度對待我。

我想對以前的自己說：「育瑄，喝台灣水、吃台灣米，就是台灣人。」只要生活在這裡，愛這裡的生活方式，這樣就夠了。

2. 你不需要為家人贏得尊重

自小，我就很努力。

或許像別人說的讚美一樣，我是一個天生聰明跟自律的孩子。但我知道很大部分是因為社會壓力，還有我想為家人「贏得」尊重。

我看著父母如何為了我努力跟犧牲，甚至有時連尊嚴都不要，只為了把我好好養大。所以我捨不得他們被閒言閒語。我以為只要我超優秀、懂得很多知識，就能為他們贏得尊重。

當時的我卻忘記什麼才是我該做的事。我該做的是讓我爸媽知道，他們踏踏實實的生活，就值得獲得尊重。與有沒有辦法給我良好的教育跟物質資源無關，跟他們的教育程度也無關，也不該跟他們的社經地位有關。

我想告訴自己：你不需要為家人贏得尊重。那些用你的成就，才換來的尊重，也不是真的。用你自己想的方式過日子吧。

為了自己而追求優秀，而不是為了讓說閒話的人住口。

如果你想要追求優秀，必須有能力把這件事做好，使你感到開心有成就感。而非為了躲避傷痛，那樣的話會像我過去一樣，就算在一個百人大禮堂用英文即席演講，得到滿堂喝采，你腦中浮現的也只是那句「家裡窮就不要送孩子到有錢人的學校。」當時的我不懂得真心為自己的成就開心，只能帶著一點復仇和證明的心態去苦笑。

3. 面對歧視的言論，你可以學著幽默的回答

剛開始，當我聽到歧視言論的時候，我不知如何是好。我會尷尬地笑，或者默默難過、生氣。結果搞得自己內傷。

後來又有一陣子，我覺得自己有義務「教育」別人，這麼說是錯的，讓我不舒服。這樣做很難會遇上適當的時機，當然效果也不是很好。僅留下人們的錯愕，可能我的目的也沒達到。

後來，我接觸了Stand-up comedy（單口站立喜劇、脫口秀）。Stand-up是一種一位喜劇演員在台上講話，逗人笑的表演藝術。常常被用來討論嚴肅的社會議題和諷刺文化。

我才知道原來，幽默是一種很棒的溝通方式。

沒有人不喜歡笑，而且當人笑的時候，開心的情緒會產生一種緩衝的空間，並引人思考。如果喜劇演員把種族歧視的社會問題包裝成笑話，觀眾在大笑同時會想：咦？我該在這時候笑嗎？會不會沒良心？接著就會意識到，

或許在一場表演裡，觀眾的笑無罪。但在現實中冷眼旁觀，那才真正的冷血。

下次，如果再有人在我面前說：「那些東南亞嫁過來的都不認真顧孩子，只想著拼命賺錢寄回娘家」，我不會用我所知道的知識去解釋太多，什麼寄點錢是很正常的、台灣的父母一輩也會定期給阿公阿嬤包紅包。我會笑笑地說：「你知道柬埔寨有名的吳哥窟嗎？」接著，「這幾年柬埔寨有個除了吳哥窟有一個新景點——一個佛教版豪華迪士尼樂園——我在柬埔寨的表哥這幾年拿我媽寄回去的錢，投資蓋的。現在去吳哥窟沒有接著去旁邊的這個樂園，就跟沒去柬埔寨一樣！」

Life is absurd（人生很荒謬）這是脫口秀演員看世界的態度。我現在遇到什麼挫敗的或讓我義憤填膺的事，我都會這麼想。某方面來說，人生很多事情都是很搞笑的。笑一笑就好了，只要我開的玩笑不是傷害別人也不傷害自己。

沒有人不喜歡笑，笑過之後反差的思考，才能維持的最久。

4.即時尋求心理諮商師，處理罪惡感與傷痛

心理疾病，在台灣仍有很大的禁忌。

包含我自己，我發現我認識的東南亞新二代裡，遭受心理疾病之苦的比例不低。我的情況來講，由於家裡只有我一個孩子，爸媽在不少事情上需要靠我。由於我媽媽是戰爭孤兒，她無法理解為何小時候的我會因「這麼小的事情」而哭。我也因為很早就懂的家裡的財政狀況，所以從小無論遇到什麼問題，都試著不顯現情緒、也不告訴家人，為了不讓他們擔心跟添麻煩。

我從小就感到很孤單，並一直覺得我感知到的社會和痛苦，好像都是我憑空想像出來的。

另外，我對媽媽一直懷抱著很大的內疚。

從我國一離開家裡念書，我就有種拋棄了爸媽的感覺。

每次她因口音被另眼看待，而我出來圓場的時候，我也感到愧疚。我甚至是否想著，我應該要學他的母語，跟她染上一樣的口音，陪她一起經歷這種沒理由的羞恥？

我在美國念完大一之後，課業太難、打工時數很長、冬天到了竟然沒錢買外套、放暑假竟然差點沒錢買機票回家。腦袋高壓負載太久，憂鬱症爆發，最嚴重的時候，竟然無法用注音打字，也無法用中文閱讀。我搬到台北工作了三學期，做過幾份工作。最高薪的一份工作，是幫想去美國讀博士的台大化學實驗室研究員，補習托福，時薪八百台幣。在台北，一個土生土長受中文教育的台灣人，竟然可以用全英文教學很稀有，就算開八百的時薪，詢問的人也很多。

回學校之後，我仍有著很強大的愧疚。要是有一天沒有唸好書，我就覺得，明明我在台北家教英文一小時就能賺我媽一天的薪水。憑什麼我能在學校讀書，她卻要每天在工廠做事十一個小時？

我從大學一年級一開學，就開始利用學校免費的心理諮商服務，剛開始談噩夢問題。後來開始談家庭、談文化衝擊、談我如何在學校一個上層菁英階級的環境下自處。我的心理諮商前後也持續了快四年，到上個學期，諮商師跟我談到了內疚。

那天我心情難受到，連呼吸都會覺得胸痛。前一天半夜，我從學校圖書館回來，半夜十二點半，想說正好可以打電話給在中午午休的媽媽問候。媽媽沒接，我就上床準備睡覺。我在爬上我那加了軟墊、溫暖的毛毯的時候，我想到，我媽沒接電話是因為她在午睡。她在工廠的廠房地板上，鋪著紙箱午睡，十月炎熱的台灣與廠房，沒有冷氣，只有轟轟作響、不停輸送熱風的工業大風扇。

此時此刻，我媽躺在地板紙箱上，吹工業大風扇；我躺在床上、蓋著毛毯，吹學校二十四小時供應的暖氣。光想到這畫面，我心就一緊，覺得無法呼吸。

諮商師聽了後，說：「內疚是很正常的反應。內疚只代表你希望一件事情不一樣，但你做不到。但內疚憋久了，會變成羞愧。你會開始怪到自己身上。這在新移民家庭、或者工人家庭的小孩身上很常見，尤其是那些成功了，進了好學校或做了高薪工作的孩子。他們會覺得自己背叛了家人，怪自己為何自己沒有跟他們一起受苦。」

我看著我眼前的諮商師，一位四十歲左右的印度裔美國人，現在說著英文並沒有任何口音，擁有心理學博士學位。他還是位已經結婚的Ｇａｙ，帶著婚戒，為人處世溫文儒雅。就連笑也充滿了溫暖跟氣質。

我不知道他任何的成長故事，但從他嘴裡聽到這番話，就是莫名的令人安心。

諮商的目的不是給人一個正確的答案，而是幫助人釐清自己的思考，找到傷痛的原因，並提供不同的思考方式。

諮商師說，「愧疚就像一顆生雞蛋。我今天給你一顆，如果叫你放在包裡一個月，不要破，容易嗎？就算不破，也臭吧？如果積了一整袋臭雞蛋，讓你出去交朋友，你覺得可行嗎？」

「所以我給你雞蛋，你就煮了吃掉，吸取養份，把殼丟了就好了。反正你人生會一直有新雞蛋，一直死死緊抓幹嘛。」

他沒有告訴我為了我媽愧疚是正確還是錯誤，他只是用這個比喻告訴我，我的感受是很正常的，其他新二代孩子和工人家庭的孩子都有，我需要的只是用比較健康的方式處理這些感受罷了。

不是說新二代成長的家庭都「不正常」，對我來說，所謂的不正常，事先有人定義了什麼是正常，才會有的。而是客觀來說，一個新二代很可能有跟別人「不一樣」的經驗，而去意識到這些不一樣經驗對自己的影響，才是得到內心平靜的第一步。

幾年諮商下來，我學到最大的就是，光從小就「覺得自己不正常」這個想法對我的影響有多大。原來不是我不正常，也不是我的家庭不正常。這一切只是一種社會現象而已。我只是有這些經驗的其中一個人而已，我不孤單。

5. 你值得存在於這塊你出生、長大並熱愛的土地上

很遺憾的是，台灣社會對於東南亞新移民家庭的刻板印象，反映著一定程度的事實：男人中老年喪偶，或身心障礙、或社經地位過低找不到老婆，於是透過跨國婚姻仲介，到東南亞「買」一個年輕的老婆，為了有人傳宗接代。

不少人實在性格不合，或者女方感到被欺騙而離婚。也有因為養孩子困難，把孩子送回越南，讓外婆養到一定歲數，再回台灣上學的人。

但這不是全部事實，像我爸媽就不完全是上面敘述的。也有自由戀愛、幸福美滿並且夫妻都是高收入知識份子的家庭。

在聽過比較多移民家庭的故事，和學習一些關於社會學和政治的知識之

後，我很少會因這類的刻板印象言論而有什麼情緒波動。有的人就是沒接觸過，不懂，並無惡意。我知道為何那些人的環境會讓他們那樣說話，就會感到體諒。

然而，在上個月，有個讓我崩潰的事件。我無意間參加了直銷團體辦的一場演講，講者說最重要的是跟對「老師」，才能過上最好的生活。

「像我們的老師就很棒。有次我們去家扶基金會陪伴一些新二代孩子。新二代吼，講難聽一點，就是有些低社經地位的男人，到東南亞「買」老婆⋯（最難聽的都一次講完了）⋯這些家庭不該有孩子，卻還是生了。孩子問題很多，過動的、罵髒話的、打架的。」

「但是因為我們的老師有耐心跟愛心，我們早上九點去，到下午三點，這些孩子罵髒話的不罵髒話了。所以你們看，用對的方式才能活最棒的人生，是不是？」

我回家之後，崩潰。

到最後我的思考又不受控制，我想著：為什麼我那麼努力了，社會還是有人竟然不希望我存在。

其他的新二代孩子們，無論你會不會說母語、功課好不好。無論你的父母婚姻是否幸福、家境是否良好。只要你在台灣長大，你在下公車的時候會跟公車司機大喊謝謝，你喜歡吃雞排配珍奶，你甚至會在別人跟你問路的時候不辭辛勞，直接帶那個人到達目的地，那你就是一個台灣人，用你的方式呼吸跟活著就好了。你不需要去做什麼來證明你「配」當一個台灣人。

無論你爸媽是誰，如何長大，只要你愛台灣這塊土地，就該相信他有那份度量和愛，擁抱你存在和活著的事實。

對我來說，我學會如何用新二代的身份活得快樂，帶給台灣社會的價值就是：讓所有覺得自己「不正常」的人，都能覺得不害怕，都覺得自己值得大大方方地活著、說自己的故事。

附錄，媽媽受訪：

小時候，我從紅色高棉的魔爪中活下來

口述／官寶卿、中文整理／李岳軒

我叫官寶卿，但其實我真正的姓氏是關公的「關」，當初嫁來台灣辦身份證件時，戶政人員不知怎的把我名字關寶卿寫成「官謝興」，一年後老公帶我去更正名字，寶卿兩字有改回來，但「官」還是沒改回「關」，後來也就罷了反正發音一樣，將錯就錯一直用到現在，但我大哥（關世波）很不滿，說官、關兩字不一樣，這樣我跟他彷彿不是一家人似的。

我大約在一九七三年左右出生，我們家是廣東裔柬埔寨華僑，家庭成員有爸、媽、大哥及我共四個人，但我對雙親實在沒太多印象，他們在我很小很小就生病過世了，我只記得小時候因為柬埔寨女生都要穿耳洞戴耳環，母親為我買了一對金耳環，在我耳垂上用力一壓戴上去，這樣就算穿耳洞了，這也成為我對她少數僅存的印象之一，後來我跟大哥顛沛流離，金耳環就遺失了。

我大哥大我十歲，父母過世後我們一直兩人相依為命，小時候沒有什麼政府或國家的觀念，只知道統治管理我們的是一群穿黑衣服的人（編註：紅色高棉政權士兵的制服為全身黑衣加紅領巾），我們都叫他們「黑衣的」，他們很兇很恐怖，不聽他們的話就會被殺死，有時候附近鄰居被「黑衣的」帶走就再也沒回來。長大後我才知道「黑衣的」是有計劃在殺人，專殺有唸書的人像醫生、老師這些，活下來的人幾乎都沒唸書看不懂字。

我們家在金邊，但我小時候記憶中的家鄉真的很恐怖，那時常有人死在路邊，餓死的或病死的也不知道，死人如果運氣好還有草蓆包起來，運氣差的就直接路邊挖洞埋了，我大哥會跟鄰居互相幫忙，我家死人就請他們來幫忙埋，他家死人大哥就過去幫忙埋，有時候「黑衣的」不准我們埋在自家附近，逼我們把屍體挖出來運到郊外去埋，我覺得我跟大哥的命很硬，在那個人命像螞蟻一樣不值錢的年代，居然一路平安活到現在。

後來我跟大哥被「黑衣的」趕到鄉下的集體農場去工作，當時幾乎全金邊的人都被趕去鄉下了，我們住在很擠的房舍裡，天一亮就被叫去種田、割稻直到天黑，我們會依年齡分組，大哥被分到青年組，我就跟其他小孩一組。我們工作的稻田很大塊，有幾萬人在這種田，某次我實在餓到受不了就在田裡偷睡，結果被「黑衣的」發現，通常被他們抓到偷懶下場都很慘，我趕緊假裝肚子痛說要休息才逃過一劫。

我在那裡的三餐是用配給的，一人一份吃完就沒有了，常常是用一杯米煮一大鍋粥，份量都很少，幾乎沒有一餐有吃飽。「黑衣的」很奇怪，我們每天都在種田，可是那些米都鎖在倉庫不給我們吃，後來偷聽到「黑衣的」會另外拿食物去餵豬，有些人餓到受不了，就跑去豬圈跟豬搶食物吃。

後來越南派兵攻打柬埔寨，「黑衣的」被打敗逃走，我們才有機會從鄉下的集體農場回到首都金邊。比起兇暴的黑衣士兵，越南士兵對我們還不錯，大概看我們太可憐吧，那時湄公河裡有很多魚，越南士兵就丟手榴彈到河裡，轟一聲很多魚浮到水面，他們就示意大哥在內的柬埔寨人游泳下去撈魚，我們常常這樣飽餐一頓。

一九七九年戰後的金邊滿目瘡痍，那時越南士兵要撤退回去，大哥的朋友提議一起去越南討生活，於是大哥帶著我，兩人穿著兩套破爛衣服，雙手空空就跟朋友上路徒步去越南，每天都走八、九個小時，晚上累了就睡在路邊。當時剛打完仗還沒有貨幣，我們都是用米在交易，大哥很厲害，會到處找鍋子、鹽巴之類的物資來換米，然後就地取材生火煮飯，所以我們至少還有東西可以吃。那時路上到處都是要逃難到越南的柬埔寨人，常常我們睡一覺醒來，就發現好不容易找來的物資被偷走了。我聽說有難民跑去挖死人的肉吃，幸好我沒親眼看到這些事。

最後我們在越南南部一個地方落腳，我不太知道那地方是哪裡，只知道地名唸起來像「帆大營」，附近有個市場唸起來像「松歸」。（編註：如有熟悉越南南部地名的朋友知道是哪裡，煩請通知筆者我，感激不盡！）大哥這時開始去工廠工作，我則在街上賣一種像甜甜圈的餅賺錢，這種餅利潤很低，賣十個餅賺的錢才夠買一個餅，有時候沒飯吃我就啃這餅充飢。

說也奇怪，人在逆境中真的會自然而然冒出潛能，小時候的我原本一句越南話也不會講，結果在街上向路人賣著賣著就學會了。那地方的越南小孩很壞，常常吃我的餅不給錢，我就在路邊嚎啕大哭，大人也不理我。我還知道那些越南小孩有一套詐騙技倆，他們會兩人一組，一人去偷大人的鞋（而且只偷一隻），另一人裝作若無其事去跟失主說：「叔叔，你的鞋被小偷偷走一隻了，如果買一雙新的要四十元，但付我五元就可以幫你找回來。」通常大人都會怕麻煩付錢了事，因此這招屢試不爽。

我們兄妹跟大哥的朋友一家原本住在一起，買回來的食物都一起吃，那時食物很珍貴，一顆鹹蛋要分兩餐吃，我們把飯鍋裡的米分成好幾份，一餐只能吃一份。有陣子發現米突然少了好幾份，我便半夜不睡覺抓兇手，發現是大哥朋友的母親在偷挖，為此大哥跟朋友發生爭執，對方不但不肯承認，還把我們兄妹趕出房子。

被趕出去後我們原本計劃要去投靠一個嫁到越南的表姊，不過緣份很神奇，當時街上有另外一個阿姨也在賣餅，我之前跟她打過幾次照面但不認識她，那天我們兄妹離開房子後湊巧遇到她，結果發現她也會講廣東話，一問得知她跟老公都是廣東裔越南華僑，基於同鄉情誼她收留我們兄妹直到我們離開越南為止，我們十分感激這對夫妻的雪中送炭，後來大哥常回去拜訪她們，但某次去發現她們搬走了，不知所蹤。

我們大概在越南待了兩年，後來聽說金邊情況比較好可以回去了，大哥也在越南認識一個同是難民的柬埔寨女孩（也就是我大嫂），他們決定回金邊結婚，於是我們告別越南回到久違的家鄉。由於我們在越南存了一點錢，回鄉後跟倖存的親戚一起合資買了一間小房子，這時我才有家的感覺。大哥大嫂婚後生了四個小孩，他們至今仍住在金邊生活。

我們雖然有房子但仍然要討生活，我大概有兩年在半工半讀，白天去印刷廠當女工幫忙印書，晚上去夜校學中文，我的國語跟中文識字（簡體字）是那時學的。一九九〇年代柬埔寨開始流行跨國婚姻，很多仲介專門做這個，我二十六歲時有仲介跟我說，有個台灣來的男生要找老婆，問我有沒有興趣？我想說看看也好。結果那個台灣人劉先生（現在的老公）中午十二點下飛機、下午三點看到我就說要娶我，大哥幫我鑑定後覺得他人品不錯，於是我們第二天就訂婚、拍婚紗，第三天我就搭上飛機來台灣了。

幸好我之前學了兩年中文，公公婆婆也蠻照顧我，所以我在台灣的生活還不錯，因為不管怎樣都比小時候的苦日子好太多了。夫家是彰化人，家裡做電鍍生意，不過老公的姊妹怕做電鍍太辛苦會把我嚇得跑回柬埔寨，總是不讓我進廠房做事。我後來去幫人包便當賺錢，再去食品冷凍業做了十年，每天都要把肉品從零度的冷凍庫拿出來，最近幾年身體受不了，改去附近彰化和美鎮的五金工廠當工人。

有一陣子我去台中跟老師學裁縫，常常要從彰化搭火車來回台中，那時中文還不好，看不懂車票上的字，常常不小心買區間車車票結果搭上自強號（或是反過來），就會在座位上被其他乘客趕起來，我還覺得台灣的火車真奇怪，為什麼可以趕人？後來老公跟我解釋「對號座」跟「無座」的差別才弄懂。某次裁縫老師多講了一堂課，我錯過平常回家搭的班次，折騰很久才到家，差點驚動夫家的人去報警找我。

我現在的生活很幸福，有家庭、有女兒，雖然不能常跟大哥見面，平常用電話或網路視訊聯絡，知道他們全家平安就夠了。我女兒小時候不肯穿耳洞，我就唸她說在柬埔寨每個女生都要穿耳洞，最近她突然願意像我一樣穿耳洞戴耳環了，看到她的轉變我真的好開心。

後記

一九七四年的柬埔寨金邊，我媽四歲。當時她跟父母還有多年後相依為命的大哥住在一起。四歲的我媽跟鄰居孩子整天打鬧玩耍，還差點扯掉外婆攢錢買給她的一副小純金耳環。她被罵了一頓，金耳環也被換下來，換成草或縫衣線穿過。

那年也是共產極權政權，紅色高棉正式掌權的前一年。她的父母在同一年因病相繼過世。外公走的時候沒能說什麼話。「你外婆走以前，跟我說了好多話。內容我不記得了，但很高興能最後跟她說話。」我媽接著：「感覺就沒那麼冷了。」我媽雖不記得外婆最後說的話，卻記得當時外婆給她在熱帶的柬埔寨，所帶來的最後溫暖。

人們總問我為什麼書寫？對我來說，新二代書寫並非為了讓社會大眾了解我們經歷過多少痛苦，而是想透過書寫，一瞥「新二代」這近年飽受關注群體的真實面目。在階級、族裔、性別和文化的差異之下，我們和家人，同樣是在台灣這塊土地上踏實生活的人罷了。

我希望讓所有曾經跟我一樣感到渺小、無助，甚至質疑自己存在價值的人們，可以在書中各處能看到自己的影子，並因此得到力量。

這無關一個人是否有移民背景，或者在社會的什麼位置，而是作為人，就該有尊嚴地驕傲活著，不再害怕。

身為在台灣的新二代，我很害怕

作者　劉育瑄
特約編輯　何冠龍
內頁編排　簡單瑛設
封面設計　謝佳穎
行銷企劃　辛政遠、楊惠潔
總編輯　姚蜀芸
副社長　黃錫鉉
總經理　吳濱伶
發行人　何飛鵬

出版　創意市集
發行　城邦文化事業股份有限公司
歡迎光臨城邦讀書花園
www.cite.com.tw

香港發行所／城邦（香港）出版集團有限公司
香港灣仔駱克道 193 號東超商業中心 1 樓
電話：(852) 25086231 傳真：(852) 25789337
E-mail：hkcite@biznetvigator.com

馬新發行所／城邦（馬新）出版集團
Cite (M) Sdn Bhd
41, Jalan Radin Anum, Bandar Baru Sri Petaling,
57000 Kuala Lumpur, Malaysia.
電話：(603) 90578822 傳真：(603) 90576622
E-mail：cite@cite.com.my

展售門市　台北市民生東路二段 141 號 7 樓
製版印刷　凱林彩印股份有限公司
初版 1 刷　2020 年 10 月
初版 3 刷　2022 年 11 月
ISBN　9789865534004
定價　350 元

客戶服務中心　地址：10483 台北市中山區民生東路二段 141 號 B1
服務電話：（02）2500-7718、（02）2500-7719
服務時間：週一至週五 9：30 ～ 18：00
24 小時傳真專線：（02）2500-1990 ～ 3
E-mail：service@readingclub.com.tw

若書籍外觀有破損、缺頁、裝訂錯誤等不完整現象，想要換書、退書，或您有大量購書的需求服務，請與客服中心聯繫。

國家圖書館出版品預行編目 (CIP) 資料

身為在台灣的新二代，我很害怕 / 劉育瑄作 . -- 初版 . -- 臺北市 : 創意市集出版 : 城邦文化發行 , 民 109.10
面； 公分

ISBN 978-986-5534-00-4(平裝)

1. 新住民　2. 社會生活　3. 臺灣

577.6　109006904